Sabores do Mediterrâneo
Uma Jornada Culinária Inspiradora

Clara Marques

Resumo

Tagine marroquino com legumes 9
Wraps de salada de grão de bico com aipo 11
Espetos de legumes grelhados 12
Cogumelo Portobello recheado com tomate 14
Folhas de dente-de-leão murchas com cebola doce 16
Aipo e mostarda 17
Ovos mexidos de vegetais e tofu 18
Zoodles simples 20
Rolinhos de repolho com lentilhas e tomates 21
Prato vegetariano mediterrâneo 23
Wrap de legumes grelhados e hummus 25
Feijão verde espanhol 27
Picadinho rústico de couve-flor e cenoura 28
Couve-flor e tomate assado 29
Abóbora Assada 31
Espinafre cozido no vapor com alho 33
Abobrinha cozida no vapor com alho e hortelã 34
Quiabo cozido no vapor 35
Pimentão recheado com legumes 36
Moussaka de berinjela 38
Folhas de uva recheadas com legumes 40
Rolo de berinjela grelhada 42
Panquecas de abobrinha crocantes 44
Tortas de espinafre com queijo 46

Picadas de sanduíche de pepino 48

Molho à base de iogurte 49

Brusqueta de tomate 50

Tomates recheados com azeitonas e queijo 52

Tapenade de pimenta 53

Falafel de coentro 54

Húmus de pimenta vermelha.. 56

Molho de feijão branco.. 57

Hummus com cordeiro picado 58

Molho de berinjela 59

Panquecas de legumes... 60

Almôndegas de cordeiro Bulgur 62

Picadas de pepino 64

Abacate recheado 65

Ameixas embaladas 66

Feta marinado e alcachofra 67

Croquete de atum 68

Crudité de salmão defumado 70

Azeitonas marinadas Cítricas 72

Anchovas com tapenade de azeitona 73

Ovos apimentados gregos.. 75

Biscoitos manchegos.. 77

Uma pilha de burrata Caprese 79

Bolinhos de ricota e abobrinha com molho aioli de limão e alho 80

Pepino recheado com salmão 82

Queijo de cabra e patê de cavala 83

O sabor das bombas de gordura mediterrâneas 85

Gaspacho de abacate 86
Copos de salada de bolo de caranguejo 88
Wrap de salada de frango com laranja e estragão 90
Cogumelos recheados com queijo feta e quinoa 92
Falafel de cinco ingredientes com alho e molho de iogurte 94
Camarão limão com azeite de alho 96
Batatas fritas crocantes com iogurte e molho de limão 98
Batatas fritas caseiras de sal marinho 100
Molho Frito de Spanakopita 101
Molho de cebola pérola assada 103
Tapenade de pimenta vermelha 105
Cascas de batata grega com azeitonas e queijo feta 107
Focaccia Pita Alcachofra e Azeitonas 109
bolinhos de caranguejo pequenos 111
Rolinho feta de abobrinha 113
Robalo no seu bolso 115
Massa cremosa com salmão defumado 117
Frango Grego de Panela Lenta 119
Espetos de frango 121
Cassoulet de frango em panela lenta 123
Peru assado grego 126
Cuscuz de frango com alho 128
Karahi de frango 130
Cacciatora de Frango com Cevada 132
Daube provençal cozido lentamente 134
Osso Bucco 136
Bourguignon de carne cozida lentamente 138

Carne balsâmica	141
Vitela assada	143
Arroz mediterrâneo e salsicha	145
Almôndegas espanholas	146
Bife de couve-flor com frutas cítricas e molho de azeitonas	148
Macarrão com pistache e pesto de hortelã	150
Molho de tomate cereja com macarrão cabelo de anjo explodido	152
Tofu frito com tomate seco e alcachofra	154
Tempeh mediterrâneo assado com tomate e alho	156
Cogumelos portobello assados com repolho e cebola roxa	159
Abobrinha recheada com ricota, manjericão e pistache	163
Espelta com tomate frito e cogumelos	165
Cevada assada com berinjela, acelga e mussarela	168
Risoto de cevada com tomate cereja	170
Grão de bico e repolho com molho de tomate picante	172
Queijo feta assado com couve e iogurte de limão	174
Berinjela frita e grão de bico com molho de tomate	176
Sliders de falafel frito	178
Portobello Caprese	180
Tomate recheado com cogumelos e queijo	182
Tabule	184
Brócolis picante e corações de alcachofra	186
Shakshuka	188
spanakopita	190
tagine	192
Frutas cítricas, pistache e aspargos	194
Berinjela recheada com tomate e salsa	196

Ratatouille 198
Gemista 200
Rolinhos de Repolho Recheado 202
Couve de Bruxelas com esmalte balsâmico 204
Salada de espinafre com vinagrete cítrico 206
Salada simples de aipo e laranja 207
Rolo de berinjela frita 209
Legumes assados e uma tigela de arroz integral 211
Hash de couve-flor com cenoura 213
Cubos de abobrinha com alho e hortelã 214
Prato de abobrinha e alcachofra com faro 215
Panquecas de abobrinha com 5 ingredientes 217

Tagine marroquino com legumes

Tempo de preparo: 20 minutos

Tempo de cozimento: 40 minutos

Porções: 2

Nível de dificuldade: Médio

Ingredientes:

- 2 colheres de sopa de azeite
- ½ cebola em cubos
- 1 dente de alho picado
- 2 xícaras de florzinhas de couve-flor
- 1 cenoura média, cortada em pedaços de 1 polegada
- 1 xícara de berinjela em cubos
- 1 lata de suco de tomate integral
- 1 lata de grão de bico (15 onças/425 g).
- 2 batatas vermelhas pequenas
- 1 xícara de água
- 1 colher de chá de xarope de bordo puro
- ½ colher de chá de canela
- ½ colher de chá de açafrão
- 1 colher de chá de cominho
- ½ colher de chá de sal
- 1 ou 2 colheres de chá de pasta de harissa

Rota:

Num forno holandês, aqueça o azeite em fogo médio-alto. Refogue a cebola por 5 minutos, mexendo de vez em quando, ou até que a cebola fique translúcida.

Junte o alho, os floretes da couve-flor, a cenoura, a berinjela, o tomate e as batatas. Quebre os tomates em pedaços menores com uma colher de pau.

Adicione o grão de bico, a água, o xarope de bordo, a canela, a cúrcuma, o cominho e o sal e misture. Deixe ferver

Quando terminar, reduza o fogo para médio-baixo. Junte a pasta de harissa, tampe e cozinhe por cerca de 40 minutos ou até que os vegetais estejam macios. Prove e tempere a gosto. Deixe descansar antes de servir.

Nutrição (por 100 gramas): 293 calorias 9,9 g de gordura 12,1 g de carboidratos 11,2 g de proteína 811 mg de sódio

Wraps de salada de grão de bico com aipo

Tempo de preparo: 10 minutos
Tempo de cozimento: 0 minutos
Porções: 4
Nível de dificuldade: Fácil

Ingredientes:

- 1 lata (15 onças/425 g) de grão de bico com baixo teor de sódio
- 1 pedaço de aipo em fatias finas
- 2 colheres de sopa de cebola roxa picada
- 2 colheres de sopa de tahine sem sal
- 3 colheres de sopa de mostarda com mel
- 1 colher de sopa de alcaparras, não drenadas
- 12 folhas de alface manteiga

Rota:

Misture o grão de bico em uma tigela com um espremedor de batatas ou com as costas de um garfo até ficar quase homogêneo. Adicione o aipo, a cebola roxa, o tahine, a mostarda com mel e as alcaparras na tigela e misture bem.

Para cada porção, coloque três folhas de alface dobradas em um prato e cubra com ¼ do recheio de purê de grão de bico e enrole. Repita com as outras folhas de alface e a mistura de grão de bico.

Nutrição (por 100 gramas): 182 calorias 7,1 g de gordura 3 g de carboidratos 10,3 g de proteína 743 mg de sódio

Espetos de legumes grelhados

Tempo de preparo: 15 minutos

Tempo de cozimento: 10 minutos

Porções: 4

Nível de dificuldade: Fácil

Ingredientes:

- 4 cebolas roxas médias, descascadas e cortadas em 6 fatias
- 4 abobrinhas médias, cortadas em fatias grossas de 2,5 cm
- 2 fatias de carne de tomate, cortadas em quartos
- 4 pimentões vermelhos
- 2 pimentões laranja
- 2 pimentões amarelos
- 2 colheres de sopa mais 1 colher de chá de azeite

Rota:

Pré-aqueça a grelha em fogo médio-alto. Espete alternadamente cebolas vermelhas, abobrinhas, tomates e pimentões de cores diferentes. Pincele-os com 2 colheres de sopa de azeite.

Unte as grelhas com 1 colher de chá de azeite e grelhe os espetos de legumes durante 5 minutos. Vire os espetos e grelhe por mais 5 minutos ou até ficar cozido ao seu gosto. Deixe os espetos esfriarem por 5 minutos antes de servir.

Nutrição (por 100 gramas): 115 calorias 3 g de gordura 4,7 g de carboidratos 3,5 g de proteína 647 mg de sódio

Cogumelo Portobello recheado com tomate

Tempo de preparo: 10 minutos
Tempo de cozimento: 15 minutos
Porções: 4
Nível de dificuldade: Médio

Ingredientes:

- 4 cápsulas grandes de cogumelo portobello
- 3 colheres de sopa de azeite extra virgem
- Sal e pimenta preta a gosto
- 4 tomates secos
- 1 xícara de mussarela ralada, dividida
- ½ a ¾ xícara de molho de tomate com baixo teor de sódio

Rota:

Pré-aqueça a grelha em fogo alto. Coloque as tampas dos cogumelos numa assadeira e regue com azeite. Adicione sal e pimenta. Asse por 10 minutos, virando a tampa do cogumelo na metade, até que o topo fique dourado.

Retire da grelha. Cubra cada tampa de cogumelo com 1 tomate, 2 colheres de sopa de queijo e 2 ou 3 colheres de sopa de molho. Coloque a tampa do cogumelo de volta na grelha e cozinhe por mais 2-3 minutos. Deixe esfriar por 5 minutos antes de servir.

Nutrição (por 100 gramas): 217 calorias 15,8 g de gordura 9 g de carboidratos 11,2 g de proteína 793 mg de sódio

Folhas de dente-de-leão murchas com cebola doce

Tempo de preparo: 15 minutos
Tempo de cozimento: 15 minutos
Porções: 4
Nível de dificuldade: Fácil

Ingredientes:

- 1 colher de sopa de azeite extra virgem
- 2 dentes de alho picados
- 1 cebola Vidalia em fatias finas
- ½ xícara de caldo de legumes com baixo teor de sódio
- 2 cachos de dentes-de-leão picados grosseiramente
- Pimenta preta moída na hora, a gosto

Rota:

Aqueça o azeite numa panela grande em fogo baixo. Adicione o alho e a cebola e cozinhe por 2-3 minutos, mexendo de vez em quando, ou até a cebola ficar translúcida.

Adicione o caldo de legumes e as folhas de dente-de-leão e cozinhe por 5-7 minutos até murchar, mexendo sempre. Polvilhe com pimenta preta e sirva num prato quente.

Nutrição (por 100 gramas): 81 calorias 3,9 g de gordura 4 g de carboidratos 3,2 g de proteína 693 mg de sódio

Aipo e mostarda

Tempo de preparo: 10 minutos

Tempo de cozimento: 15 minutos

Porções: 4

Nível de dificuldade: Médio

Ingredientes:

- ½ xícara de caldo de legumes com baixo teor de sódio
- 1 talo de aipo, picado grosseiramente
- ½ cebola doce, finamente picada
- ½ pimentão vermelho grande, em fatias finas
- 2 dentes de alho picados
- 1 cacho de mostarda picada grosseiramente

Rota:

Despeje o caldo de legumes em uma frigideira grande de ferro fundido e leve para ferver em fogo médio. Junte o aipo, a cebola, o pimentão e o alho. Cozinhe descoberto por cerca de 3-5 minutos.

Adicione as folhas de mostarda à panela e misture bem. Reduza o fogo e cozinhe até que o líquido evapore e os vegetais murchem. Retire do fogo e sirva quente.

Nutrição (por 100 gramas): 39 calorias 3,1 g de proteína 6,8 g de carboidratos 3 g de proteína 736 mg de sódio

Ovos mexidos de vegetais e tofu

Tempo de preparo: 5 minutos
Tempo de cozimento: 10 minutos
Porções: 2
Nível de dificuldade: Fácil

Ingredientes:

- 2 colheres de sopa de azeite extra virgem
- ½ cebola roxa picadinha
- 1 xícara de repolho picado
- 8 onças (227 g) de cogumelos fatiados
- 8 onças (227 g) de tofu, cortado em pedaços
- 2 dentes de alho picados
- Aperte os flocos de pimenta
- ½ colher de chá de sal marinho
- 1/8 colher de chá de pimenta preta moída na hora

Rota:

Cozinhe o azeite em uma frigideira média antiaderente em fogo médio-alto até brilhar. Adicione a cebola, o repolho e os cogumelos à panela. Cozinhe e mexa ocasionalmente ou até os vegetais começarem a dourar.

Adicione o tofu e frite por 3-4 minutos até amolecer. Junte o alho, a pimenta em flocos, o sal e a pimenta-do-reino e cozinhe por 30 segundos. Deixe descansar antes de servir.

Nutrição (por 100 gramas): 233 calorias 15,9 g de gordura 2 g de carboidratos 13,4 g de proteína 733 mg de sódio

Zoodles simples

Tempo de preparo: 10 minutos
Tempo de cozimento: 5 minutos
Porções: 2
Nível de dificuldade: Fácil

Ingredientes:

- 2 colheres de sopa de óleo de abacate
- 2 abobrinhas médias espiralizadas
- ¼ colher de chá de sal
- Pimenta preta moída na hora, a gosto

Rota:

Aqueça o óleo de abacate em uma frigideira grande em fogo médio até brilhar. Adicione o macarrão de abobrinha, o sal e a pimenta-do-reino à panela e misture bem. Cozinhe e mexa continuamente até ficar macio. Servir quente.

Nutrição (por 100 gramas): 128 calorias 14 g de gordura 0,3 g de carboidratos 0,3 g de proteína 811 mg de sódio

Rolinhos de repolho com lentilhas e tomates

Tempo de preparo: 15 minutos
Tempo de cozimento: 0 minutos
Porções: 4
Nível de dificuldade: Fácil

Ingredientes:

- 2 xícaras de lentilhas cozidas
- 5 tomates Roma em cubos
- ½ xícara de queijo feta esfarelado
- 10 folhas grandes de manjericão fresco em fatias finas
- ¼ xícara de azeite extra virgem
- 1 colher de sopa de vinagre balsâmico
- 2 dentes de alho picados
- ½ colher de chá de mel cru
- ½ colher de chá de sal
- ¼ colher de chá de pimenta preta moída na hora
- 4 folhas grandes de repolho, caules removidos

Rota:

Adicione as lentilhas, o tomate, o queijo, as folhas de manjericão, o azeite, o vinagre, o alho, o mel, o sal e a pimenta preta e misture bem.

Coloque as folhas de repolho em uma superfície plana. Despeje uma quantidade igual da mistura de lentilhas nas bordas das folhas. Enrole e sirva cortado ao meio.

Nutrição (por 100 gramas): 318 calorias 17,6 g de gordura 27,5 g de carboidratos 13,2 g de proteína 800 mg de sódio

Prato vegetariano mediterrâneo

Tempo de preparo: 10 minutos

Tempo de cozimento: 20 minutos

Porções: 4

Nível de dificuldade: Médio

Ingredientes:

- 2 xícaras de água
- 1 xícara de trigo bulgur n. 3 ou quinoa, enxaguada
- 1½ colher de chá de sal, dividido
- 1 litro (2 xícaras) de tomate cereja, cortado pela metade
- 1 pimentão grande picado
- 1 pepino grande picado
- 1 xícara de azeitonas Kalamata
- ½ xícara de suco de limão espremido na hora
- 1 xícara de azeite extra virgem
- ½ colher de chá de pimenta preta moída na hora

Rota:

Leve a água para ferver em uma panela média em fogo médio. Adicione o bulgur (ou quinoa) e 1 colher de chá de sal. Cubra e cozinhe por 15-20 minutos.

Para organizar os legumes em 4 tigelas, divida visualmente cada tigela em 5 partes. Coloque o bulgur cozido em uma parte. Acompanhe com tomates, pimentões, pepinos e azeitonas.

Junte o suco de limão, o azeite, a ½ colher de chá restante de sal e a pimenta-do-reino.

Espalhe o molho uniformemente nas 4 tigelas. Sirva imediatamente ou cubra e leve à geladeira para mais tarde.

Nutrição (por 100 gramas): 772 calorias 9 g de gordura 6 g de proteína 41 g de carboidratos 944 mg de sódio

Wrap de legumes grelhados e hummus

Tempo de preparo: 15 minutos

Tempo de cozimento: 10 minutos

Porções: 6

Nível de dificuldade: Médio

Ingredientes:

- 1 berinjela grande
- 1 cebola grande
- ½ xícara de azeite extra virgem
- 1 colher de chá de sal
- 6 rolos de lavash ou pão pita grande
- 1 xícara de hummus cremoso tradicional

Rota:

Pré-aqueça uma grelha, uma frigideira grande ou uma frigideira levemente untada com óleo em fogo médio. Corte a berinjela e a cebola em rodelas. Pincele os legumes com azeite e polvilhe com sal.

Frite os legumes dos dois lados por 3-4 minutos de cada lado. Para fazer o embrulho, coloque o pão pita ou pão pita na horizontal. Coloque cerca de 2 colheres de sopa de homus no papel alumínio.

Distribua os legumes uniformemente entre os rolos, dispostos em camadas de um lado do rolo. Dobre com cuidado a lateral da embalagem com os legumes por cima, dobrando-os e formando um pacote bem apertado.

Coloque a costura da capa voltada para baixo e corte ao meio ou em terços.

Você pode embrulhar cada sanduíche em papel alumínio para manter a forma e comê-lo mais tarde.

Nutrição (por 100 gramas): 362 calorias 10 g de gordura 28 g de carboidratos 15 g de proteína 736 mg de sódio

Feijão verde espanhol

Tempo de preparo: 10 minutos
Tempo de cozimento: 20 minutos
Porções: 4
Nível de dificuldade: Fácil

Ingredientes:

- ¼ xícara de azeite extra virgem
- 1 cebola grande, finamente picada
- 4 dentes de alho picados finamente
- 1 libra de feijão verde, fresco ou congelado, picado
- 1½ colher de chá de sal, dividido
- 1 (15 onças) de tomate em cubos
- ½ colher de chá de pimenta preta moída na hora

Rota:

Aqueça o azeite, a cebola e o alho; Cozinhe por 1 minuto. Corte o feijão verde em pedaços de 5 cm. Adicione o feijão verde e 1 colher de chá de sal à panela e misture bem; Cozinhe por 3 minutos. Adicione os tomates picados, a ½ colher de chá restante de sal e a pimenta-do-reino. cozinhe por mais 12 minutos, mexendo ocasionalmente. Servir quente.

Nutrição (por 100 gramas): 200 calorias 12 g de gordura 18 g de carboidratos 4 g de proteína 639 mg de sódio

Picadinho rústico de couve-flor e cenoura

Tempo de preparo: 10 minutos

Tempo de cozimento: 10 minutos

Porções: 4

Nível de dificuldade: Fácil

Ingredientes:

- 3 colheres de sopa de azeite extra virgem
- 1 cebola grande, finamente picada
- 1 colher de sopa de alho picado
- 2 xícaras de cenouras em cubos
- 4 xícaras de pedaços de couve-flor lavados
- 1 colher de chá de sal
- ½ colher de chá de cominho em pó

Rota:

Cozinhe o azeite, a cebola, o alho e a cenoura durante 3 minutos. Corte a couve-flor em pedaços pequenos de 2,5 cm. Adicione a couve-flor, o sal e o cominho à panela e misture com a cenoura e a cebola.

Cubra e cozinhe por 3 minutos. Adicione os legumes e cozinhe por mais 3-4 minutos. Servir quente.

Nutrição (por 100 gramas): 159 calorias 17 g de gordura 15 g de carboidratos 3 g de proteína 569 mg de sódio

Couve-flor e tomate assado

Tempo de preparo: 5 minutos
Tempo de cozimento: 25 minutos
Porções: 4
Nível de dificuldade: Médio

Ingredientes:

- 4 xícaras de couve-flor, cortada em pedaços de 1 polegada
- 6 colheres de sopa de azeite de oliva extra virgem, dividido
- 1 colher de chá de sal, dividido
- 4 xícaras de tomate cereja
- ½ colher de chá de pimenta preta moída na hora
- ½ xícara de parmesão ralado

Rota:

Pré-aqueça o forno a 425°F. Adicione a couve-flor, 3 colheres de sopa de azeite e ½ colher de chá de sal em uma tigela grande e misture bem. Coloque em uma assadeira forrada de pergaminho em uma camada uniforme.

Em outra tigela grande, adicione os tomates, as 3 colheres de sopa restantes de azeite e ½ colher de chá de sal e misture bem. Despeje em outra bandeja. Coloque a folha de couve-flor e a folha de tomate no forno para assar por 17-20 minutos, até que a couve-flor esteja levemente dourada e os tomates estejam carnudos.

Com uma espátula, coloque a couve-flor num prato e cubra com o tomate, a pimenta-do-reino e o parmesão. Servir quente.

Nutrição (por 100 gramas): 294 calorias 14 g de gordura 13 g de carboidratos 9 g de proteína 493 mg de sódio

Abóbora Assada

Tempo de preparo: 10 minutos
Tempo de cozimento: 35 minutos
Porções: 6
Nível de dificuldade: Médio

Ingredientes:

- 2 abóboras de bolota, médias a grandes
- 2 colheres de sopa de azeite extra virgem
- 1 colher de chá de sal e mais para temperar
- 5 colheres de sopa de manteiga sem sal
- ¼ xícara de folhas de sálvia picadas
- 2 colheres de sopa de folhas frescas de tomilho
- ½ colher de chá de pimenta preta moída na hora

Rota:

Pré-aqueça o forno a 400 F. Corte a abóbora ao meio no sentido do comprimento. Raspe as sementes e corte horizontalmente em fatias de ¾ polegadas de espessura. Em uma tigela grande, misture a abóbora com azeite, polvilhe com sal e misture bem.

Coloque a abóbora em uma assadeira. Coloque a assadeira no forno e asse a abóbora por 20 minutos. Vire a abóbora com uma espátula e cozinhe por mais 15 minutos.

Em uma panela média, derreta a manteiga em fogo médio. Adicione a sálvia e o tomilho à manteiga derretida e cozinhe por

30 segundos. Coloque as rodelas de abóbora cozidas num prato. Despeje a mistura de manteiga e ervas sobre a abóbora. Tempere com sal e pimenta preta. Servir quente.

Nutrição (por 100 gramas): 188 calorias 13 g de gordura 16 g de carboidratos 1 g de proteína 836 mg de sódio

Espinafre cozido no vapor com alho

Tempo de preparo: 5 minutos

Tempo de cozimento: 10 minutos

Porções: 4

Nível de dificuldade: Fácil

Ingredientes:

- ¼ xícara de azeite extra virgem
- 1 cebola roxa grande, cortada em fatias finas
- 3 dentes de alho picados
- 6 (1 quilo) sacos de espinafre baby, lavados
- ½ colher de chá de sal
- 1 limão cortado em rodelas

Rota:

Numa panela grande, refogue o azeite, a cebola e o alho durante 2 minutos em lume médio. Adicione um saco de espinafre e ½ colher de chá de sal. Tampe a panela e deixe o espinafre murchar por 30 segundos. Repita (omitindo o sal), adicionando 1 saco de espinafre por vez.

Quando todo o espinafre tiver sido adicionado, retire a tampa e cozinhe por 3 minutos para permitir que um pouco da umidade evapore. Sirva quente com raspas de limão por cima.

Nutrição (por 100 gramas): 301 calorias 12 g de gordura 29 g de carboidratos 17 g de proteína 639 mg de sódio

Abobrinha cozida no vapor com alho e hortelã

Tempo de preparo: 5 minutos
Tempo de cozimento: 10 minutos
Porções: 4
Nível de dificuldade: Fácil

Ingredientes:

- 3 abobrinhas verdes grandes
- 3 colheres de sopa de azeite extra virgem
- 1 cebola grande, finamente picada
- 3 dentes de alho picados
- 1 colher de chá de sal
- 1 colher de chá de hortelã seca

Rota:

Corte a abobrinha em cubos de meio centímetro. Cozinhe o azeite, a cebola e o alho por 3 minutos, mexendo sempre.

Adicione a abobrinha e o sal à panela e junte a cebola e o alho e cozinhe por 5 minutos. Adicione a hortelã à panela e mexa. Cozinhe por mais 2 minutos. Servir quente.

Nutrição (por 100 gramas): 147 calorias 16 g de gordura 12 g de carboidratos 4 g de proteína 723 mg de sódio

Quiabo cozido no vapor

Tempo de preparo: 55 minutos
Tempo de cozimento: 25 minutos
Porções: 4
Nível de dificuldade: Fácil

Ingredientes:

- ¼ xícara de azeite extra virgem
- 1 cebola grande, finamente picada
- 4 dentes de alho picados finamente
- 1 colher de chá de sal
- 1 quilo de quiabo fresco ou congelado, limpo
- 1 lata (15 onças) de molho de tomate simples
- 2 xícaras de água
- ½ xícara de coentro fresco picado
- ½ colher de chá de pimenta preta moída na hora

Rota:

Misture e refogue o azeite, a cebola, o alho e o sal durante 1 minuto. Junte o quiabo e cozinhe por 3 minutos.

Adicione o molho de tomate, água, coentro e pimenta preta; misture, tampe e deixe cozinhar por 15 minutos, mexendo de vez em quando. Servir quente.

Nutrição (por 100 gramas): 201 calorias 6 g de gordura 18 g de carboidratos 4 g de proteína 693 mg de sódio

Pimentão recheado com legumes

Tempo de preparo: 20 minutos
Tempo de cozimento: 30 minutos
Porções: 6
Nível de dificuldade: Médio

Ingredientes:

- 6 pimentões grandes, de cores diferentes
- 3 colheres de sopa de azeite extra virgem
- 1 cebola grande, finamente picada
- 3 dentes de alho picados
- 1 cenoura picada
- 1 lata (16 onças) de grão de bico, enxaguado e escorrido
- 3 xícaras de arroz cozido
- 1½ colher de chá de sal
- ½ colher de chá de pimenta preta moída na hora

Rota:

Pré-aqueça o forno a 350° F. Certifique-se de escolher pimentões que fiquem em pé. Corte as tampas dos pimentões, retire as sementes e reserve para depois. Coloque os pimentões em uma assadeira.

Aqueça o azeite, a cebola, o alho e a cenoura durante 3 minutos. Junte o grão de bico. Cozinhe por mais 3 minutos. Retire a panela do fogo e despeje os ingredientes cozidos em uma tigela grande. Adicione o arroz, sal e pimenta; jogue tudo junto.

Encha cada pimenta até o topo e recoloque as tampas dos pimentões. Cubra a bandeja com papel alumínio e leve ao forno por 25 minutos. Retire o papel alumínio e cozinhe por mais 5 minutos. Servir quente.

Nutrição (por 100 gramas): 301 calorias 15 g de gordura 50 g de carboidratos 8 g de proteína 803 mg de sódio

Moussaka de berinjela

Tempo de preparo: 55 minutos

Tempo de cozimento: 40 minutos

Porções: 6

Nível de dificuldade: Difícil

Ingredientes:

- 2 berinjelas grandes
- 2 colheres de chá de sal, dividido
- spray de azeite
- ¼ xícara de azeite extra virgem
- 2 cebolas grandes, fatiadas
- 10 dentes de alho fatiados
- 2 latas (15 onças) de tomate em cubos
- 1 lata (16 onças) de grão de bico, enxaguado e escorrido
- 1 colher de chá de orégano seco
- ½ colher de chá de pimenta preta moída na hora

Rota:

Corte a berinjela horizontalmente em discos redondos de ¼ de polegada de espessura. Polvilhe as rodelas de berinjela com 1 colher de chá de sal e coloque em uma peneira por 30 minutos.

Pré-aqueça o forno a 450°F. Seque as fatias de berinjela com papel toalha e borrife azeite em ambos os lados, ou pincele levemente ambos os lados com azeite.

Coloque a berinjela em uma única camada sobre uma assadeira. Leve ao forno e leve ao forno por 10 minutos. Em seguida, vire as fatias com uma espátula e leve ao forno por mais 10 minutos.

Refogue o azeite, a cebola, o alho e a restante 1 colher de chá de sal. Cozinhe por 5 minutos, mexendo ocasionalmente. Adicione o tomate, o grão de bico, o orégano e a pimenta-do-reino. Cozinhe por 12 minutos mexendo irregularmente.

Em uma panela funda, comece a fazer camadas, começando pela berinjela e depois pelo molho. Repita até que todos os ingredientes sejam usados. Asse no forno por 20 minutos. Retire do forno e sirva quente.

Nutrição (por 100 gramas): 262 calorias 11 g de gordura 35 g de carboidratos 8 g de proteína 723 mg de sódio

Folhas de uva recheadas com legumes

Tempo de preparo: 50 minutos

Tempo de cozimento: 45 minutos

Porções: 8

Nível de dificuldade: Médio

Ingredientes:

- 2 xícaras de arroz branco, enxaguado
- 2 tomates grandes, cortados em cubos
- 1 cebola grande, finamente picada
- 1 cebola verde picada
- 1 xícara de salsa italiana fresca, picada finamente
- 3 dentes de alho picados
- 2½ colheres de chá de sal
- ½ colher de chá de pimenta preta moída na hora
- 1 caixa (16 onças) de folhas de uva.
- 1 xícara de suco de limão
- ½ xícara de azeite extra virgem
- 4-6 xícaras de água

Rota:

Adicione o arroz, o tomate, a cebola, a cebolinha, a salsa, o alho, o sal e a pimenta-do-reino. Escorra e enxágue as folhas de uva. Prepare uma panela grande colocando uma camada de folhas de uva no fundo. Coloque as folhas individuais e corte todos os caules.

Coloque 2 colheres de sopa da mistura de arroz no fundo de cada folha. Dobre nas laterais e enrole o mais firmemente possível. Coloque as folhas de uva enroladas no prato, arrumando cada folha de uva enrolada em uma fileira. Continue sobrepondo as folhas de uva enroladas.

Despeje cuidadosamente o suco de limão e o azeite sobre as folhas de uva e adicione água suficiente para cobrir 2,5 cm das folhas de uva. Coloque um prato grosso, menor que a abertura da panela, de cabeça para baixo sobre as folhas da uva. Tampe a panela e cozinhe as folhas em fogo médio-baixo por 45 minutos. Deixe descansar por 20 minutos antes de servir. Sirva quente ou frio.

Nutrição (por 100 gramas): 532 calorias 15 g de gordura 80 g de carboidratos 12 g de proteína 904 mg de sódio

Rolo de berinjela grelhada

Tempo de preparo: 30 minutos
Tempo de cozimento: 10 minutos
Porções: 6
Nível de dificuldade: Médio

Ingredientes:

- 2 berinjelas grandes
- 1 colher de chá de sal
- 4 onças de queijo de cabra
- 1 xícara de requeijão
- ¼ xícara de manjericão fresco picado
- ½ colher de chá de pimenta preta moída na hora
- spray de azeite

Rota:

Corte a parte superior da berinjela e corte-a longitudinalmente em fatias grossas de ¼ de polegada. Polvilhe as fatias com sal e coloque a berinjela em uma peneira por 15 a 20 minutos.

Misture o queijo de cabra, a ricota, o manjericão e a pimenta. Aqueça uma grelha, frigideira ou frigideira levemente untada com óleo em fogo médio. Seque as rodelas de berinjela e cubra-as levemente com azeite. Coloque a berinjela na grelha, grelha ou frigideira e cozinhe por 3 minutos de cada lado.

Retire a berinjela do fogo e deixe esfriar por 5 minutos. Para o pãozinho, coloque uma fatia de berinjela achatada, coloque uma colher da mistura de queijo na base da fatia e enrole. Sirva imediatamente ou leve à geladeira até servir.

Nutrição (por 100 gramas): 255 calorias 7 g de gordura 19 g de carboidratos 15 g de proteína 793 mg de sódio

Panquecas de abobrinha crocantes

Tempo de preparo: 15 minutos

Tempo de cozimento: 20 minutos

Porções: 6

Nível de dificuldade: Fácil

Ingredientes:

- 2 abobrinhas verdes grandes
- 2 colheres de sopa de salsa italiana picada finamente
- 3 dentes de alho picados
- 1 colher de chá de sal
- 1 xícara de farinha
- 1 ovo grande, batido
- ½ xícara de água
- 1 colher de chá de fermento em pó
- 3 xícaras de óleo vegetal ou de abacate

Rota:

Rale a abobrinha em uma tigela grande. Adicione a salsa, o alho, o sal, a farinha, o ovo, a água e o fermento na tigela e misture. Em uma panela grande ou fritadeira, aqueça o óleo a 365°F em fogo médio.

Coloque a massa de panqueca, colher por colher, no óleo fervente. Usando uma escumadeira, vire as panquecas e cozinhe até dourar, cerca de 2-3 minutos. Escorra as panquecas do óleo e coloque-as num prato forrado com papel absorvente. Sirva quente com tzatziki cremoso ou hummus cremoso tradicional como molho.

Nutrição (por 100 gramas): 446 calorias 2 g de gordura 19 g de carboidratos 5 g de proteína 812 mg de sódio

Tortas de espinafre com queijo

Tempo de preparo: 20 minutos

Tempo de cozimento: 40 minutos

Porções: 8

Nível de dificuldade: Difícil

Ingredientes:

- 2 colheres de sopa de azeite extra virgem
- 1 cebola grande, finamente picada
- 2 dentes de alho picados
- 3 sacos de 1 quilo de espinafre baby, lavados
- 1 xícara de queijo feta
- 1 ovo grande, batido
- Folhas de massa folhada

Rota:

Pré-aqueça o forno a 375°F. Aqueça o azeite, a cebola e o alho durante 3 minutos. Adicione o espinafre à frigideira, um saquinho de cada vez, deixando-o murchar entre cada saquinho. Misture com uma pinça. Cozinhe por 4 minutos. Quando o espinafre estiver cozido, escorra o excesso de líquido da panela.

Numa tigela grande, misture o queijo feta, o ovo e o espinafre cozido. Coloque a massa folhada sobre uma bancada. Corte a massa em quadrados de 3 polegadas. Coloque uma colher da mistura de espinafre no centro de uma massa folhada. Dobre um canto do quadrado até o canto diagonal para formar um triângulo. Pressione as bordas do bolo com os dentes de um garfo. Repita até que todos os quadrados estejam preenchidos.

Coloque os biscoitos em uma assadeira forrada com papel manteiga e leve ao forno por 25-30 minutos ou até dourar. Sirva quente ou em temperatura ambiente.

Nutrição (por 100 gramas): 503 calorias 6 g de gordura 38 g de carboidratos 16 g de proteína 836 mg de sódio

Picadas de sanduíche de pepino

Tempo de preparo: 5 minutos

Tempo de cozimento: 0 minutos

Porções: 12

Nível de dificuldade: Fácil

Ingredientes:

- 1 pepino fatiado
- 8 fatias de pão integral
- 2 colheres de sopa de cream cheese, macio
- 1 colher de sopa de cebolinha picada
- ¼ xícara de abacate, descascado, sem caroço e amassado
- 1 colher de chá de mostarda
- Sal e pimenta preta a gosto

Rota:

Espalhe o purê de abacate em cada fatia de pão, espalhe o restante dos ingredientes, exceto as rodelas de pepino.

Divida as rodelas de pepino pelas fatias de pão, corte cada fatia em três, disponha num prato de servir e sirva como aperitivo.

Nutrição (por 100 gramas): 187 calorias 12,4 g de gordura 4,5 g de carboidratos 8,2 g de proteína 736 mg de sódio

Molho à base de iogurte

Tempo de preparo: 10 minutos
Tempo de cozimento: 0 minutos
Porções: 6
Nível de dificuldade: Fácil

Ingredientes:

- 2 xícaras de iogurte grego
- 2 colheres de sopa de pistache torrado e picado
- Uma pitada de sal e pimenta branca
- 2 colheres de sopa de hortelã picada
- 1 colher de sopa de azeitonas Kalamata sem caroço e picadas
- ¼ xícara de tempero zaatar
- ¼ xícara de sementes de romã
- 1/3 xícara de azeite

Rota:

Misture o iogurte com o pistache e os demais ingredientes, misture bem, divida em copos e sirva com chips de pita como acompanhamento.

Nutrição (por 100 gramas): 294 calorias 18 g de gordura 2 g de carboidratos 10 g de proteína 593 mg de sódio

Brusqueta de tomate

Tempo de preparo: 10 minutos

Tempo de cozimento: 10 minutos

Porções: 6

Nível de dificuldade: Fácil

Ingredientes:

- 1 baguete fatiada
- 1/3 xícara de manjericão picado
- 6 tomates em cubos
- 2 dentes de alho picados
- Uma pitada de sal e pimenta preta
- 1 colher de chá de azeite
- 1 colher de sopa de vinagre balsâmico
- ½ colher de chá de alho em pó
- Spray para cozinhar

Rota:

Coloque as fatias de baguete em uma assadeira forrada com papel manteiga e pulverize com spray de cozinha. Cozinhe por 10 minutos a 400 graus.

Misture os tomates com o manjericão e os demais ingredientes, misture bem e deixe descansar por 10 minutos. Espalhe a mistura de tomate em cada fatia de baguete, arrume tudo num prato e sirva.

Nutrição (por 100 gramas): 162 calorias 4 g de gordura 29 g de carboidratos 4 g de proteína 736 mg de sódio

Tomates recheados com azeitonas e queijo

Tempo de preparo: 10 minutos
Tempo de cozimento: 0 minutos
Porções: 24
Nível de dificuldade: Fácil

Ingredientes:

- 24 tomates cereja, corte a parte superior e retire o interior
- 2 colheres de sopa de azeite
- ¼ colher de chá de pimenta vermelha em flocos
- ½ xícara de queijo feta esfarelado
- 2 colheres de sopa de pasta de azeitona preta
- ¼ xícara de hortelã rasgada

Rota:

Numa tigela, misture a pasta de azeitona com os demais ingredientes, exceto o tomate cereja, e misture bem. Recheie os tomates cereja com esta mistura, coloque-os num prato e sirva como aperitivo.

Nutrição (por 100 gramas): 136 calorias 8,6 g de gordura 5,6 g de carboidratos 5,1 g de proteína 648 mg de sódio

Tapenade de pimenta

Tempo de preparo: 10 minutos
Tempo de cozimento: 0 minutos
Porções: 4
Nível de dificuldade: Fácil

Ingredientes:

- 7 onças de pimentão vermelho torrado, cortado em cubos
- ½ xícara de parmesão ralado
- 1/3 xícara de salsa picada
- 14 onças de alcachofras enlatadas, escorridas e picadas
- 3 colheres de sopa de azeite
- ¼ xícara de alcaparras, escorridas
- 1 colher e meia de suco de limão
- 2 dentes de alho picados

Rota:

No liquidificador, misture o pimentão vermelho com o parmesão e o restante dos ingredientes e bata bem. Divida em copos e sirva como lanche.

Nutrição (por 100 gramas): 200 calorias 5,6 g de gordura 12,4 g de carboidratos 4,6 g de proteína 736 mg de sódio

Falafel de coentro

Tempo de preparo: 10 minutos

Tempo de cozimento: 10 minutos

Porções: 8

Nível de dificuldade: Fácil

Ingredientes:

- 1 xícara de grão de bico em lata
- 1 ramo de folhas de salsa
- 1 cebola amarela, finamente picada
- 5 dentes de alho picados
- 1 colher de chá de coentro moído
- Uma pitada de sal e pimenta preta
- ¼ colher de chá de pimenta caiena
- ¼ colher de chá de bicarbonato de sódio
- ¼ colher de chá de cominho em pó
- 1 colher de chá de suco de limão
- 3 colheres de sopa de farinha de tapioca
- Azeite para fritar

Rota:

Num processador de alimentos, misture o feijão com a salsa, a cebola e todos os outros ingredientes, exceto o óleo e a farinha, e misture bem. Despeje a massa em uma tigela, acrescente a farinha, misture bem, forme 16 bolinhas com essa massa e alise um pouco.

Aqueça a panela em fogo médio-alto, acrescente o falafel, frite por 5 minutos dos dois lados, coloque em papel absorvente, escorra o excesso de gordura, arrume em um prato e sirva como aperitivo.

Nutrição (por 100 gramas): 122 calorias 6,2 g de gordura 12,3 g de carboidratos 3,1 g de proteína 699 mg de sódio

Húmus de pimenta vermelha

Tempo de preparo: 10 minutos

Tempo de cozimento: 0 minutos

Porções: 6

Nível de dificuldade: Fácil

Ingredientes:

- 6 onças de pimentão vermelho torrado, descascado e picado
- 16 onças de grão de bico enlatado, escorrido e enxaguado
- ¼ xícara de iogurte grego
- 3 colheres de sopa de pasta de tahine
- Suco de 1 limão
- 3 dentes de alho picados
- 1 colher de sopa de azeite
- Uma pitada de sal e pimenta preta
- 1 colher de sopa de salsa picada

Rota:

No processador de alimentos, misture o pimentão vermelho com o restante dos ingredientes, exceto o azeite e a salsa, e pulse bem. Adicione o azeite, bata novamente, divida em copos, polvilhe com salsa e sirva como meio pano.

Nutrição (por 100 gramas): 255 calorias 11,4 g de gordura 17,4 g de carboidratos 6,5 g de proteína 593 mg de sódio

Molho de feijão branco

Tempo de preparo: 10 minutos
Tempo de cozimento: 0 minutos
Porções: 4
Nível de dificuldade: Fácil

Ingredientes:

- Lata de 15 onças de feijão branco, escorrido e enxaguado
- 6 onças de alcachofras enlatadas, escorridas e cortadas em quartos
- 4 dentes de alho picados
- 1 colher de sopa de manjericão picado
- 2 colheres de sopa de azeite
- Suco de ½ limão
- Raspas de ½ limão ralada
- Sal e pimenta preta a gosto

Rota:

No processador de alimentos, misture o feijão com as alcachofras e o restante dos ingredientes, exceto o azeite e os legumes. Aos poucos adicione o azeite, bata novamente, divida em xícaras e sirva como molho.

Nutrição (por 100 gramas): 27 calorias 11,7 g de gordura 18,5 g de carboidratos 16,5 g de proteína 668 mg de sódio

Hummus com cordeiro picado

Tempo de preparo: 10 minutos
Tempo de cozimento: 15 minutos
Porções: 8
Nível de dificuldade: Fácil

Ingredientes:

- 10 onças de homus
- 12 onças de cordeiro moído
- ½ xícara de sementes de romã
- ¼ xícara de salsa picada
- 1 colher de sopa de azeite
- Sirva com chips pita

Rota:

Aqueça a panela em fogo médio-alto, acrescente a carne e cozinhe por 15 minutos, mexendo sempre. Espalhe o homus em um prato de servir, espalhe o cordeiro picado, polvilhe com as sementes de romã e salsa e sirva com chips de pão sírio como lanche.

Nutrição (por 100 gramas): 133 calorias 9,7 g de gordura 6,4 g de carboidratos 5,4 g de proteína 659 mg de sódio

Molho de berinjela

Tempo de preparo: 10 minutos

Tempo de cozimento: 40 minutos

Porções: 4

Nível de dificuldade: Fácil

Ingredientes:

- 1 berinjela espetada com garfo
- 2 colheres de sopa de pasta de tahine
- 2 colheres de sopa de suco de limão
- 2 dentes de alho picados
- 1 colher de sopa de azeite
- Sal e pimenta preta a gosto
- 1 colher de sopa de salsa picada

Rota:

Coloque a berinjela na assadeira, leve ao forno a 400 F por 40 minutos, deixe esfriar, descasque e transfira para o processador de alimentos. Misture o restante dos ingredientes, exceto a salsa, misture bem, divida em tigelas pequenas e sirva como aperitivo polvilhado com salsa.

Nutrição (por 100 gramas): 121 calorias 4,3 g de gordura 1,4 g de carboidratos 4,3 g de proteína 639 mg de sódio

Panquecas de legumes

Tempo de preparo: 10 minutos

Tempo de cozimento: 10 minutos

Porções: 8

Nível de dificuldade: Fácil

Ingredientes:

- 2 dentes de alho picados
- 2 cebolas amarelas picadas finamente
- 4 chalotas, finamente picadas
- 2 cenouras raladas
- 2 colheres de chá de cominho moído
- ½ colher de chá de açafrão em pó
- Sal e pimenta preta a gosto
- ¼ colher de chá de coentro moído
- 2 colheres de sopa de salsa picada
- ¼ colher de chá de suco de limão
- ½ xícara de farinha de amêndoa
- 2 beterrabas, descascadas e raladas
- 2 ovos batidos
- ¼ xícara de farinha de tapioca
- 3 colheres de sopa de azeite

Rota:

Em uma tigela, misture o alho com a cebola, a cebola e os demais ingredientes, exceto o azeite, misture bem e forme panquecas médias com essa mistura.

Aqueça a panela em fogo médio-alto, acrescente as panquecas, cozinhe por 5 minutos de cada lado, coloque em um prato e sirva.

Nutrição (por 100 gramas): 209 calorias 11,2 g de gordura 4,4 g de carboidratos 4,8 g de proteína 726 mg de sódio

Almôndegas de cordeiro Bulgur

Tempo de preparo: 10 minutos

Tempo de cozimento: 15 minutos

Porções: 6

Nível de dificuldade: Fácil

Ingredientes:

- 1 ½ xícara de iogurte grego
- ½ colher de chá de cominho moído
- 1 xícara de pepino em cubos
- ½ colher de chá de alho picado
- Uma pitada de sal e pimenta preta
- 1 xícara de bulgur
- 2 xícaras de água
- 1 quilo de cordeiro picado
- ¼ xícara de salsa picada
- ¼ xícara de chalotas, picadas finamente
- ½ colher de chá de pimenta da Jamaica moída
- ½ colher de chá de canela em pó
- 1 colher de sopa de azeite

Rota:

Misture o bulgur com água, tampe a tigela, deixe descansar por 10 minutos, escorra e coloque em uma tigela. Adicione a carne, o iogurte e o restante dos ingredientes menos o azeite, misture bem e forme almôndegas médias com esta mistura. Aqueça a panela em fogo médio-alto, acrescente as almôndegas, cozinhe por 7 minutos de cada lado, coloque em um prato e sirva como aperitivo.

Nutrição (por 100 gramas): 300 calorias 9,6 g de gordura 22,6 g de carboidratos 6,6 g de proteína 644 mg de sódio

Picadas de pepino

Tempo de preparo: 10 minutos

Tempo de cozimento: 0 minutos

Porções: 12

Nível de dificuldade: Fácil

Ingredientes:

- 1 pepino inglês, cortado em 32 rodelas
- 10 onças de homus
- 16 tomates cereja cortados ao meio
- 1 colher de sopa de salsa picada
- 1 onça de queijo feta esfarelado

Rota:

Espalhe hummus em cada pepino, divida cada tomate ao meio, polvilhe com queijo e salsa e sirva como aperitivo.

Nutrição (por 100 gramas): 162 calorias 3,4 g de gordura 6,4 g de carboidratos 2,4 g de proteína 702 mg de sódio

Abacate recheado

Tempo de preparo: 10 minutos

Tempo de cozimento: 0 minutos

Porções: 2

Nível de dificuldade: Fácil

Ingredientes:

- 1 abacate cortado ao meio e sem caroço
- 10 onças de lata de atum, escorrido
- 2 colheres de sopa de tomate seco picado
- 1 colher e meia de pesto de manjericão
- 2 colheres de sopa de azeitonas pretas, sem caroço e picadas
- Sal e pimenta preta a gosto
- 2 colheres de chá de pinhões, torrados e picados
- 1 colher de sopa de manjericão picado

Rota:

Misture o atum com o tomate seco e o restante dos ingredientes, exceto o abacate, e misture. Recheie metade do abacate com a mistura de atum e sirva como aperitivo.

Nutrição (por 100 gramas): 233 calorias 9 g de gordura 11,4 g de carboidratos 5,6 g de proteína 735 mg de sódio

Ameixas embaladas

Tempo de preparo: 5 minutos
Tempo de cozimento: 0 minutos
Porções: 8
Nível de dificuldade: Fácil

Ingredientes:

- 2 onças de presunto cortado em 16 pedaços
- 4 ameixas esquartejadas
- 1 colher de sopa de cebolinha picada
- Uma pitada de flocos de pimenta esmagada

Rota:

Enrole cada quarto de ameixa numa fatia de presunto, arrume-o num prato, polvilhe com cebolinho e páprica e sirva.

Nutrição (por 100 gramas): 30 calorias 1 g de gordura 4 g de carboidratos 2 g de proteína 439 mg de sódio

Feta marinado e alcachofra

Tempo de preparação: 10 minutos, mais 4 horas de inatividade
Tempo de cozimento: 10 minutos
Porções: 2
Nível de dificuldade: Fácil

Ingredientes:

- 4 onças de queijo feta grego tradicional, cortado em cubos de ½ polegada
- 4 onças de corações de alcachofra escorridos, divididos longitudinalmente
- 1/3 xícara de azeite extra virgem
- Raspas e suco de 1 limão
- 2 colheres de sopa de alecrim fresco picado grosseiramente
- 2 colheres de sopa de salsa fresca picada grosseiramente
- ½ colher de chá de pimenta preta

Rota:

Em uma tigela de vidro, misture o queijo feta e os corações de alcachofra. Adicione o azeite, as raspas e o suco de limão, o alecrim, a salsa e a pimenta e misture delicadamente, evitando que o queijo feta se esfarele.

Leve à geladeira por 4 horas ou até 4 dias. Retire da geladeira 30 minutos antes de servir.

Nutrição (por 100 gramas): 235 calorias 23 g de gordura 1 g de carboidratos 4 g de proteína 714 mg de sódio

Croquete de atum

Tempo de preparação: 40 minutos, várias horas durante a noite para esfriar

Tempo de cozimento: 25 minutos

Porções: 36

Nível de dificuldade: Difícil

Ingredientes:

- 6 colheres de sopa de azeite de oliva extra virgem, mais 1-2 xícaras
- 5 colheres de sopa de farinha de amêndoa, mais 1 xícara, dividida
- 1¼ xícara de creme de leite
- 1 lata (4 onças) de atum albacora embalado com azeite
- 1 colher de sopa de cebola roxa picada
- 2 colheres de chá de alcaparras picadas
- ½ colher de chá de endro seco
- ¼ colher de chá de pimenta preta moída na hora
- 2 ovos grandes
- 1 xícara de pão ralado panko (ou versão sem glúten)

Rota:

Aqueça 6 colheres de sopa de azeite em uma frigideira grande em fogo médio-baixo. Adicione 5 colheres de sopa de farinha de amêndoa e cozinhe, mexendo sempre, por 2-3 minutos até formar uma pasta lisa e a farinha dourar levemente.

Aumente o fogo para médio-alto e adicione gradualmente o creme de leite, mexendo sempre, até ficar completamente homogêneo e engrossado, mais 4-5 minutos. Retire e acrescente o atum, a cebola roxa, as alcaparras, o endro e a pimenta.

Transfira a mistura para uma forma quadrada de 20 cm bem untada com azeite e deixe em temperatura ambiente. Embrulhe e leve à geladeira por 4 horas ou durante a noite. Disponha três tigelas para moldar o croquete. Bata os ovos em um deles. Em outro, adicione o restante da farinha de amêndoa. No terceiro, adicione o panko. Forre uma assadeira com papel manteiga.

Adicione cerca de uma colher de sopa da massa preparada fria à mistura de farinha e enrole. Sacuda o excesso e enrole-o em forma oval com as mãos.

Mergulhe o croquete no ovo batido e cubra-o com panko. Coloque em uma bandeja forrada e repita com o restante da massa.

Em uma frigideira pequena, aqueça as 1-2 xícaras restantes de azeite em fogo médio-alto.

Quando o óleo estiver quente, frite os croquetes 3 a 4 vezes dependendo do tamanho da frigideira e retire-os com uma escumadeira quando estiverem dourados. Você precisará ajustar a temperatura do óleo de vez em quando para evitar queimaduras. Se a massa ficar marrom escura muito rapidamente, reduza a temperatura.

Nutrição (por 100 gramas): 245 calorias 22 g de gordura 1 g de carboidratos 6 g de proteína 801 mg de sódio

Crudité de salmão defumado

Tempo de preparo: 10 minutos
Tempo de cozimento: 15 minutos
Porções: 4
Nível de dificuldade: Fácil

Ingredientes:

- 6 onças de salmão selvagem defumado
- 2 colheres de sopa de aioli de alho torrado
- 1 colher de sopa de mostarda Dijon
- 1 colher de sopa de chalotas picadas, apenas as partes verdes
- 2 colheres de chá de alcaparras picadas
- ½ colher de chá de endro seco
- 4 lanças de endívia ou corações de alface romana
- ½ pepino inglês, cortado em cubos com ¼ polegada de espessura

Rota:

Pique grosseiramente o salmão defumado e coloque-o em uma tigela pequena. Adicione o aioli, o Dijon, a cebolinha, as alcaparras e o endro e misture bem. Enfeite as lanças de escarola e as rodelas de pepino com uma colher da mistura de salmão defumado e saboreie frio.

Nutrição (por 100 gramas): 92 calorias 5 g de gordura 1 g de carboidratos 9 g de proteína 714 mg de sódio

Azeitonas marinadas Cítricas

Tempo de preparo: 4 horas
Tempo de cozimento: 0 minutos
Porções: 2
Nível de dificuldade: Fácil

Ingredientes:

- 2 xícaras de azeitonas verdes sem caroço misturadas
- ¼ xícara de vinagre de vinho tinto
- ¼ xícara de azeite extra virgem
- 4 dentes de alho picados finamente
- Casca e suco de 1 laranja grande
- 1 colher de chá de pimenta vermelha em flocos
- 2 folhas de louro
- ½ colher de chá de cominho em pó
- ½ colher de chá de pimenta da Jamaica moída

Rota:

Misture as azeitonas, o vinagre, o azeite, o alho, a casca e o suco de laranja, a pimenta em flocos, o louro, o cominho e a pimenta da Jamaica e misture bem. Cubra e leve à geladeira por 4 horas ou até uma semana para permitir que as azeitonas marinam e virem antes de servir.

Nutrição (por 100 gramas): 133 calorias 14 g de gordura 2 g de carboidratos 1 g de proteína 714 mg de sódio

Anchovas com tapenade de azeitona

Tempo de preparação: 1 hora e 10 minutos

Tempo de cozimento: 0 minutos

Porções: 2

Nível de dificuldade: Médio

Ingredientes:

- 2 xícaras de azeitonas Kalamata sem caroço ou outras azeitonas pretas
- 2 filés de anchova picados
- 2 colheres de chá de alcaparras picadas
- 1 dente de alho picado
- 1 gema de ovo cozida
- 1 colher de chá de mostarda Dijon
- ¼ xícara de azeite extra virgem
- Bolachas com sementes, versátil sanduíche ou vegetal, para servir (opcional)

Rota:

Lave as azeitonas em água fria e escorra bem. Coloque as azeitonas escorridas, as anchovas, as alcaparras, o alho, a gema de ovo e o Dijon em um processador de alimentos, liquidificador ou jarra grande (se estiver usando um liquidificador). Trabalhe até obter uma pasta grossa. Enquanto corre, adicione gradualmente o azeite.

Transfira para uma tigela pequena, tampe e leve à geladeira por pelo menos 1 hora para permitir que os sabores se misturem. Sirva com biscoitos sem sementes, em cima de um versátil sanduíche redondo ou com seus vegetais crocantes preferidos.

Nutrição (por 100 gramas): 179 calorias 19 g de gordura 2 g de carboidratos 2 g de proteína 82 mg de sódio

Ovos apimentados gregos

Tempo de preparo: 45 minutos

Tempo de cozimento: 15 minutos

Porções: 4

Nível de dificuldade: Fácil

Ingredientes:

- 4 ovos cozidos grandes
- 2 colheres de sopa de aioli de alho torrado
- ½ xícara de queijo feta finamente esfarelado
- 8 azeitonas Kalamata sem caroço, picadas
- 2 colheres de sopa de tomate seco picado
- 1 colher de sopa de cebola roxa picada
- ½ colher de chá de endro seco
- ¼ colher de chá de pimenta preta moída na hora

Rota:

Corte os ovos cozidos ao meio no sentido do comprimento, retire as gemas e coloque-as em uma tigela média. Separe metade das claras e reserve. Bata bem a gema com um garfo. Adicione o aioli, o queijo feta, as azeitonas, o tomate seco, a cebola, o endro e a pimenta e bata até ficar homogêneo e cremoso.

Despeje o recheio em cada metade de clara de ovo e leve à geladeira, tampada, por 30 minutos ou até 24 horas.

Nutrição (por 100 gramas): 147 calorias 11 g de gordura 6 g de carboidratos 9 g de proteína 736 mg de sódio

Biscoitos manchegos

Tempo de preparação: 1 hora e 15 minutos

Tempo de cozimento: 15 minutos

Porções: 20

Nível de dificuldade: Difícil

Ingredientes:

- 4 colheres de sopa de manteiga, em temperatura ambiente
- 1 xícara de queijo Manchego ralado finamente
- 1 xícara de farinha de amêndoa
- 1 colher de chá de sal, dividido
- ¼ colher de chá de pimenta preta moída na hora
- 1 ovo grande

Rota:

Na batedeira, misture a manteiga e o queijo ralado até incorporar bem e ficar homogêneo. Misture a farinha de amêndoa com ½ colher de chá de sal e pimenta. Aos poucos, adicione a mistura de farinha de amêndoa ao queijo, mexendo continuamente até a massa formar uma bola.

Coloque um pedaço de pergaminho ou filme plástico e enrole em um tronco cilíndrico com cerca de 2,5 centímetros de espessura. Feche bem e congele por pelo menos 1 hora. Pré-aqueça o forno a 350° F. Forre 2 assadeiras com papel manteiga ou assadeiras de silicone.

Para a lavagem dos ovos, misture o ovo e a ½ colher de chá restante de sal. Corte a massa resfriada em pedaços pequenos, aprox.

Pincele o topo dos biscoitos com ovo e leve ao forno até que os biscoitos fiquem dourados e crocantes. Coloque sobre uma gradinha para esfriar.

Sirva quente ou, se esfriar completamente, guarde em recipiente hermético na geladeira por até 1 semana.

Nutrição (por 100 gramas): 243 calorias 23 g de gordura 1 g de carboidratos 8 g de proteína 804 mg de sódio

Uma pilha de burrata Caprese

Tempo de preparo: 5 minutos

Tempo de cozimento: 0 minutos

Porções: 4

Nível de dificuldade: Fácil

Ingredientes:

- 1 tomate orgânico grande, de preferência tradicional
- ½ colher de chá de sal
- ¼ colher de chá de pimenta preta moída na hora
- 1 bola (4 onças) de burrata
- 8 folhas de manjericão fresco em fatias finas
- 2 colheres de sopa de azeite extra virgem
- 1 colher de sopa de vinho tinto ou vinagre balsâmico

Rota:

Corte os tomates em 4 rodelas grossas, retire o miolo central duro e polvilhe com sal e pimenta. Coloque os tomates em um prato com o lado temperado voltado para cima. Em um prato separado, corte a burrata em 4 fatias grossas e coloque uma em cima de cada fatia de tomate. Coloque um quarto de manjericão por cima de cada um e despeje sobre eles o creme de burrata reservado do prato circulado.

Regue com azeite e vinagre e sirva com garfo e faca.

Nutrição (por 100 gramas): 153 calorias 13 g de gordura 1 g de carboidratos 7 g de proteína 633 mg de sódio

Bolinhos de ricota e abobrinha com molho aioli de limão e alho

Tempo de preparação: 10 minutos mais 20 minutos de descanso
Tempo de cozimento: 25 minutos
Porções: 4
Nível de dificuldade: Difícil

Ingredientes:

- 1 abobrinha grande ou 2 pequenas/médias
- 1 colher de chá de sal, dividido
- ½ xícara de requeijão de leite integral
- 2 chalotas
- 1 ovo grande
- 2 dentes de alho picados finamente
- 2 colheres de sopa de hortelã fresca picada (opcional)
- 2 colheres de chá de casca de limão ralada
- ¼ colher de chá de pimenta preta moída na hora
- ½ xícara de farinha de amêndoa
- 1 colher de chá de fermento em pó
- 8 colheres de sopa de azeite extra virgem
- 8 colheres de sopa de aioli de alho assado ou maionese com óleo de abacate

Rota:

Coloque a abobrinha picada em uma peneira ou sobre várias camadas de papel toalha. Polvilhe com ½ colher de chá de sal e deixe descansar por 10 minutos. Pressione a abobrinha com outra camada de papel toalha para liberar o excesso de umidade e seque. Junte a abobrinha escorrida, a ricota, a cebolinha, o ovo, o alho, a hortelã (se usar), as raspas de limão, a ½ colher de chá restante de sal e a pimenta.

Peneire a farinha de amêndoa e o fermento. Misture a mistura de farinha com a mistura de abobrinha e deixe descansar por 10 minutos. Frite as panquecas em uma frigideira grande, trabalhando em quatro porções. Para cada lote de quatro, aqueça 2 colheres de sopa de azeite em fogo médio-alto. Adicione 1 colher de sopa cheia de massa de abobrinha por panqueca e pressione com as costas de uma colher para formar panquecas de 5 a 7 centímetros. Cubra e deixe cozinhar por 2 minutos antes de virar. Asse por mais 2-3 minutos, coberto, ou até ficar crocante, dourado e cozido. Pode ser necessário reduzir o fogo para médio para evitar queimaduras. Retire da panela e mantenha aquecido.

Repita para os três lotes restantes, usando 2 colheres de sopa de azeite para cada lote. Sirva panquecas quentes com molho aioli.

Nutrição (por 100 gramas): 448 calorias 42 g de gordura 2 g de carboidratos 8 g de proteína 744 mg de sódio

Pepino recheado com salmão

Tempo de preparo: 10 minutos
Tempo de cozimento: 0 minutos
Porções: 4
Nível de dificuldade: Fácil

Ingredientes:

- 2 pepinos grandes, descascados
- 1 lata (4 onças) de salmão vermelho
- 1 abacate médio bem maduro
- 1 colher de sopa de azeite extra virgem
- Raspas e suco de 1 limão
- 3 colheres de sopa de coentro fresco picado
- ½ colher de chá de sal
- ¼ colher de chá de pimenta preta moída na hora

Rota:

Corte o pepino em fatias de 2,5 cm de espessura e, usando uma colher para raspar as sementes do centro de cada fatia, arrume-as em um prato. Em uma tigela média, misture o salmão, o abacate, o azeite, as raspas e o suco de limão, o coentro, o sal e a pimenta e misture até ficar cremoso.

Despeje a mistura de salmão no centro de cada fatia de pepino e sirva frio.

Nutrição (por 100 gramas): 159 calorias 11 g de gordura 3 g de carboidratos 9 g de proteína 739 mg de sódio

Queijo de cabra e patê de cavala

Tempo de preparo: 10 minutos
Tempo de cozimento: 0 minutos
Porções: 4
Nível de dificuldade: Fácil

Ingredientes:

- 4 onças de cavala selvagem com azeite
- 2 onças de queijo de cabra
- Raspas e suco de 1 limão
- 2 colheres de sopa de salsa fresca picada
- 2 colheres de sopa de rúcula fresca picada
- 1 colher de sopa de azeite extra virgem
- 2 colheres de chá de alcaparras picadas
- 1 ou 2 colheres de chá de raiz-forte fresca (opcional)
- Biscoitos, pepino, escarola ou aipo, para servir (opcional)

Rota:

Em um processador de alimentos, liquidificador ou tigela grande, misture a cavala, o queijo de cabra, as raspas e o suco de limão, a salsa, a rúcula, o azeite, as alcaparras e a raiz-forte (se for usar). Processe ou misture até ficar homogêneo e cremoso.

Sirva com biscoitos, rodelas de pepino, endívias ou talos de aipo. Guarde coberto na geladeira por até 1 semana.

Nutrição (por 100 gramas): 118 calorias 8 g de gordura 6 g de carboidratos 9 g de proteína 639 mg de sódio

O sabor das bombas de gordura mediterrâneas

Tempo de preparação: 4 horas e 15 minutos
Tempo de cozimento: 0 minutos
Porções: 6
Nível de dificuldade: Médio

Ingredientes:

- 1 xícara de queijo de cabra esfarelado
- 4 colheres de sopa de pesto em uma jarra
- 12 azeitonas Kalamata sem caroço, picadas
- ½ xícara de nozes picadas finamente
- 1 colher de sopa de alecrim fresco picado

Rota:

Em uma tigela média, misture o queijo de cabra, o pesto e as azeitonas e misture bem com um garfo. Congele por 4 horas para firmar.

Usando as mãos, molde a mistura em 6 bolas com cerca de ¾ polegada de diâmetro. A mistura ficará pegajosa.

Coloque as nozes e o alecrim em uma tigela pequena e enrole as bolinhas de queijo de cabra na mistura de nozes para revestir. Guarde as bombas de gordura na geladeira por até 1 semana ou no freezer por até 1 mês.

Nutrição (por 100 gramas): 166 calorias 15 g de gordura 1 g de carboidratos 5 g de proteína 736 mg de sódio

Gaspacho de abacate

Tempo de preparo: 15 minutos
Tempo de cozimento: 10 minutos
Porções: 4
Nível de dificuldade: Fácil

Ingredientes:

- 2 xícaras de tomate picado
- 2 abacates maduros grandes, cortados ao meio e sem caroço
- 1 pepino grande, descascado e sem caroço
- 1 pimentão médio (vermelho, laranja ou amarelo), picado finamente
- 1 xícara de iogurte grego de leite integral
- ¼ xícara de azeite extra virgem
- ¼ xícara de coentro fresco picado
- ¼ xícara de chalotas picadas, apenas as partes verdes
- 2 colheres de sopa de vinagre de vinho tinto
- Suco de 2 limas ou 1 limão
- ½ a 1 colher de chá de sal
- ¼ colher de chá de pimenta preta moída na hora

Rota:

No liquidificador, misture o tomate, o abacate, o pepino, o pimentão, o iogurte, o azeite, o coentro, a cebolinha, o vinagre e o suco de limão. Misture até ficar homogêneo.

Tempere com sal e misture os sabores. Sirva frio.

Nutrição (por 100 gramas): 392 calorias 32 g de gordura 9 g de carboidratos 6 g de proteína 694 mg de sódio

Copos de salada de bolo de caranguejo

Tempo de preparo: 35 minutos

Tempo de cozimento: 20 minutos

Porções: 4

Nível de dificuldade: Médio

Ingredientes:

- 1 quilo de caranguejo enorme
- 1 ovo grande
- 6 colheres de sopa de aioli de alho assado
- 2 colheres de sopa de mostarda Dijon
- ½ xícara de farinha de amêndoa
- ¼ xícara de cebola roxa picada
- 2 colheres de chá de páprica defumada
- 1 colher de chá de sal de aipo
- 1 colher de chá de alho em pó
- 1 colher de chá de endro seco (opcional)
- ½ colher de chá de pimenta preta moída na hora
- ¼ xícara de azeite extra virgem
- 4 folhas grandes de alface Bibb, sem espinhos grossos

Rota:

Coloque a carne de caranguejo em uma tigela grande e remova todas as cascas visíveis e, em seguida, quebre a carne com um garfo. Em uma tigela pequena, misture o ovo, 2 colheres de sopa de aioli e a mostarda Dijon. Adicione à carne de caranguejo e misture com um garfo. Adicione a farinha de amêndoa, a cebola roxa, a páprica, o sal de aipo, o alho em pó, o endro (se for usar), a pimenta e misture bem. Deixe descansar em temperatura ambiente por 10-15 minutos.

Molde em 8 bolos pequenos, com cerca de 5 centímetros de diâmetro. Aqueça o azeite em fogo médio-alto. Asse os bolos até dourar, 2-3 minutos de cada lado. Embrulhe, reduza o fogo e cozinhe por mais 6-8 minutos ou até firmar no centro. Retire da panela.

Para servir, embrulhe 2 pequenos bolinhos de siri em cada folha de alface e decore com 1 colher de sopa de molho aioli.

Nutrição (por 100 gramas): 344 calorias 24 g de gordura 2 g de carboidratos 24 g de proteína 804 mg de sódio

Wrap de salada de frango com laranja e estragão

Tempo de preparo: 15 minutos
Tempo de cozimento: 0 minutos
Porções: 4
Nível de dificuldade: Fácil

Ingredientes:

- ½ xícara de iogurte grego com leite integral
- 2 colheres de sopa de mostarda Dijon
- 2 colheres de sopa de azeite extra virgem
- 2 colheres de sopa de estragão fresco
- ½ colher de chá de sal
- ¼ colher de chá de pimenta preta moída na hora
- 2 xícaras de frango desfiado cozido
- ½ xícara de amêndoas fatiadas
- 4-8 folhas grandes de alface Bibb, sem caules duros
- 2 pequenos abacates maduros, descascados e cortados em fatias finas
- 1 clementina ou casca de ½ laranja pequena (aprox. 1 colher de sopa)

Rota:

Em uma tigela média, misture o iogurte, a mostarda, o azeite, o estragão, as raspas de laranja, o sal e a pimenta e bata até ficar cremoso. Adicione o peito de frango desfiado e as amêndoas e cubra.

Para montar os wraps, coloque cerca de ½ xícara da mistura de salada de frango no centro de cada folha de alface e cubra com o abacate fatiado.

Nutrição (por 100 gramas): 440 calorias 32 g de gordura 8 g de carboidratos 26 g de proteína 607 mg de sódio

Cogumelos recheados com queijo feta e quinoa

Tempo de preparo: 5 minutos
Tempo de cozimento: 8 minutos
Porções: 6
Nível de dificuldade: Médio

Ingredientes:

- 2 colheres de sopa de pimenta vermelha em cubos
- 1 dente de alho picado
- ¼ xícara de quinoa cozida
- 1/8 colher de chá de sal
- ¼ colher de chá de orégano seco
- 24 cogumelos, caules
- 2 onças de queijo feta esfarelado
- 3 colheres de sopa de pão ralado integral
- Spray de cozinha com azeite

Rota:

Pré-aqueça o forno a 360°F. Em uma tigela pequena, misture o pimentão, o alho, a quinoa, o sal e o orégano. Despeje o recheio de quinoa nas tampas dos cogumelos até que estejam cheias. Adicione um pequeno pedaço de queijo feta por cima de cada cogumelo. Polvilhe uma pitada de pão ralado sobre o queijo feta de cada cogumelo.

Cubra o cesto da fritadeira com spray de azeite e coloque cuidadosamente os cogumelos no cesto, certificando-se de que não se tocam.

Coloque a cesta no forno ventilado e leve ao forno por 8 minutos. Retire do forno e sirva.

Nutrição (por 100 gramas): 97 calorias 4 g de gordura 11 g de carboidratos 7 g de proteína 677 mg de sódio

Falafel de cinco ingredientes com alho e molho de iogurte

Tempo de preparo: 5 minutos
Tempo de cozimento: 15 minutos
Porções: 4
Nível de dificuldade: Difícil

Ingredientes:

- Para o falafel
- 1 lata (15 onças) de grão de bico, escorrido e enxaguado
- ½ xícara de salsa fresca
- 2 dentes de alho picados
- ½ colher de sopa de cominho moído
- 1 colher de sopa de farinha de trigo integral
- sal
- Para o iogurte e molho de alho
- 1 xícara de iogurte grego desnatado
- 1 dente de alho picado
- 1 colher de sopa de endro fresco picado
- 2 colheres de sopa de suco de limão

Rota:

Para fazer falafel

Pré-aqueça o forno a 360°F. Coloque o grão de bico em um processador de alimentos. Bata até ficar quase picado, depois acrescente a salsa, o alho e o cominho e bata por mais alguns minutos até os ingredientes ficarem pastosos.

Adicione a farinha. Pulsar mais algumas vezes até combinar. Terá a consistência de uma mistura, mas o grão-de-bico precisa ser cortado em pedaços pequenos. Com as mãos limpas, enrole a massa em 8 bolas do mesmo tamanho e bata levemente as bolas para que fiquem discos com cerca de metade da espessura.

Cubra o cesto da fritadeira com spray de azeite e coloque os hambúrgueres de falafel no cesto em uma única camada, certificando-se de que não se toquem. Asse no forno aéreo por 15 minutos.

Para preparar o iogurte e o molho de alho

Misture o iogurte, o alho, o endro e o suco de limão. Quando o falafel estiver cozido e bem dourado por todos os lados, retire-o da frigideira e tempere com sal. Sirva quente com molho.

Nutrição (por 100 gramas): 151 calorias 2 g de gordura 10 g de carboidratos 12 g de proteína 698 mg de sódio

Camarão limão com azeite de alho

Tempo de preparo: 5 minutos
Tempo de cozimento: 6 minutos
Porções: 4
Nível de dificuldade: Médio

Ingredientes:

- 1 quilo de camarão médio, limpo e raspado
- ¼ xícara mais 2 colheres de sopa de azeite, dividido
- Suco de ½ limão
- 3 dentes de alho picados e divididos
- ½ colher de chá de sal
- ¼ colher de chá de pimenta vermelha em flocos
- Fatias de limão, para servir (opcional)
- Molho marinara, para mergulhar (opcional)

Rota:

Pré-aqueça o forno a 380°F. Misture o camarão com 2 colheres de sopa de azeite, suco de limão, 1/3 xícara de alho picado, sal e pimenta vermelha em flocos e cubra bem.

Em um ramekin pequeno, misture o restante ¼ xícara de azeite e o restante do alho picado. Rasgue a folha de alumínio de 12" x 12". Coloque o camarão no centro do papel alumínio, dobre as laterais e aperte as bordas para formar uma tigela aberta por cima. Coloque este pacote na cesta da fritadeira.

Cozinhe o camarão por 4 minutos, depois abra a fritadeira e coloque o óleo e os ramequins de alho na cesta ao lado do pacote de camarão. Cozinhe por mais 2 minutos. Transfira o camarão para um prato ou travessa com azeite de alho ao lado para mergulhar. Também pode ser servido com rodelas de limão e molho marinara, se desejar.

Nutrição (por 100 gramas): 264 calorias 21 g de gordura 10 g de carboidratos 16 g de proteína 473 mg de sódio

Batatas fritas crocantes com iogurte e molho de limão

Tempo de preparo: 5 minutos
Tempo de cozimento: 5 minutos
Porções: 4
Nível de dificuldade: Médio

Ingredientes:

- <u>Para o feijão verde</u>
- 1 ovo
- 2 colheres de sopa de água
- 1 colher de sopa de farinha de trigo integral
- ¼ colher de chá de páprica
- ½ colher de chá de alho em pó
- ½ colher de chá de sal
- ¼ xícara de pão ralado de trigo integral
- ½ quilo de feijão verde inteiro
- <u>Para iogurte e molho de limão</u>
- ½ xícara de iogurte grego desnatado
- 1 colher de sopa de suco de limão
- ¼ colher de chá de sal
- 1/8 colher de chá de pimenta caiena

Direção:

Para fazer feijão verde

Pré-aqueça o forno a 380°F.

Em uma tigela média e rasa, bata o ovo e a água até formar uma espuma. Em uma tigela separada, média-rasa, misture a farinha, a páprica, o alho em pó e o sal e, em seguida, adicione a farinha de rosca.

Pulverize o fundo da fritadeira com spray de cozinha. Mergulhe cada feijão verde na mistura de ovos, depois na mistura de pão ralado e cubra a parte externa com as migalhas. Coloque o feijão verde em uma única camada no fundo da cesta da fritadeira.

Asse em forno ventilado por 5 minutos ou até que o pão ralado fique dourado.

Para preparar o iogurte e o molho de limão

Junte o iogurte, o suco de limão, o sal e a pimenta caiena. Sirva os chips de feijão verde com o molho de iogurte de limão como lanche ou aperitivo.

Nutrição (por 100 gramas): 88 calorias 2 g de gordura 10 g de carboidratos 7 g de proteína 697 mg de sódio

Batatas fritas caseiras de sal marinho

Tempo de preparo: 2 minutos
Tempo de cozimento: 8 minutos
Porções: 2
Nível de dificuldade: Fácil

Ingredientes:

- 2 focaccias de trigo integral
- 1 colher de sopa de azeite
- ½ colher de chá de sal kosher

Rotas

Pré-aqueça o forno a 360°F. Corte cada pão árabe em 8 fatias. Em uma tigela média, misture as fatias de pão sírio, o azeite e o sal até que as fatias estejam revestidas e o azeite e o sal estejam distribuídos uniformemente.

Coloque as fatias de pão sírio na cesta da fritadeira em uma camada uniforme e leve ao forno por 6-8 minutos.

Tempere com mais sal a gosto. Sirva sozinho ou com seu molho preferido.

Nutrição (por 100 gramas): 230 calorias 8 g de gordura 11 g de carboidratos 6 g de proteína 810 mg de sódio

Molho Frito de Spanakopita

Tempo de preparo: 10 minutos
Tempo de cozimento: 15 minutos
Porções: 2
Nível de dificuldade: Médio

Ingredientes:

- Spray de cozinha com azeite
- 3 colheres de sopa de azeite, dividido
- 2 colheres de sopa de cebola branca picada
- 2 dentes de alho picados
- 4 xícaras de espinafre fresco
- 4 onças de cream cheese, amolecido
- 4 onças de queijo feta, dividido
- Raspas de 1 limão
- ¼ colher de chá de noz-moscada moída
- 1 colher de chá de endro seco
- ½ colher de chá de sal
- Batatas fritas, palitos de cenoura ou fatias de pão para servir (opcional)

Rota:

Pré-aqueça o forno a 360°F. Cubra o interior de um ramekin ou assadeira de 15 cm com spray de azeite.

Aqueça 1 colher de sopa de azeite em uma frigideira grande em fogo médio. Adicione a cebola e cozinhe por 1 minuto. Adicione o alho e cozinhe, mexendo, por mais 1 minuto.

Reduza o fogo e acrescente o espinafre e a água. Cozinhe até o espinafre murchar. Retire a panela do fogo. Em uma tigela média, misture o cream cheese, 60 gramas de queijo feta e o restante do azeite, as raspas de limão, a noz-moscada, o endro e o sal. Misture até combinar.

Adicione os legumes à base de queijo e misture. Despeje a mistura do molho nos ramequins preparados e cubra com os 60 gramas restantes de queijo feta.

Coloque o molho na cesta da fritadeira e cozinhe por 10 minutos ou até aquecer e borbulhar. Sirva com chips pita, palitos de cenoura ou fatias de pão.

Nutrição (por 100 gramas): 550 calorias 52 g de gordura 21 g de carboidratos 14 g de proteína 723 mg de sódio

Molho de cebola pérola assada

Tempo de preparo: 5 minutos

Tempo de cozimento: 12 minutos mais 1 hora de resfriamento

Porções: 4

Nível de dificuldade: Médio

Ingredientes:

- 2 xícaras de chalotas descascadas
- 3 dentes de alho
- 3 colheres de sopa de azeite, dividido
- ½ colher de chá de sal
- 1 xícara de iogurte grego desnatado
- 1 colher de sopa de suco de limão
- ¼ colher de chá de pimenta preta
- 1/8 colher de chá de pimenta vermelha em flocos
- Batatas fritas, legumes ou torradas para servir (opcional)

Rota:

Pré-aqueça o forno a 360°F. Em uma tigela grande, misture a cebolinha e o alho com 2 colheres de sopa de azeite até que as cebolas estejam bem revestidas.

Despeje a mistura de alho e cebola na cesta da fritadeira e asse por 12 minutos. Coloque o alho e a cebola em um processador de alimentos. Limpamos os legumes várias vezes até que a cebola seja cortada, mas ainda fique em pedaços pequenos.

Adicione o alho e a cebola e a restante 1 colher de sopa de azeite, sal, iogurte, suco de limão, pimenta preta e pimenta vermelha em flocos. Deixe esfriar por 1 hora antes de servir com batatas fritas, legumes ou torradas.

Nutrição (por 100 gramas): 150 calorias 10 g de gordura 6 g de carboidratos 7 g de proteína 693 mg de sódio

Tapenade de pimenta vermelha

Tempo de preparo: 5 minutos

Tempo de cozimento: 5 minutos

Porções: 4

Nível de dificuldade: Médio

Ingredientes:

- 1 pimentão vermelho grande
- 2 colheres de sopa mais 1 colher de chá de azeite
- ½ xícara de azeitonas Kalamata, sem caroço e picadas grosseiramente
- 1 dente de alho picado
- ½ colher de chá de orégano seco
- 1 colher de sopa de suco de limão

Rota:

Pré-aqueça o forno a 380°F. Pincele a parte externa de um pimentão inteiro com 1 colher de chá de azeite e coloque na cesta da fritadeira. Asse por 5 minutos. Enquanto isso, misture as 2 colheres de sopa restantes de azeite com as azeitonas, o alho, o orégano e o suco de limão em uma tigela média.

Retire as pimentas da fritadeira, corte os caules finamente e retire as sementes. Corte o pimentão assado em pedaços pequenos.

Adicione a pimenta à mistura de azeitonas e misture bem. Sirva com chips pita, biscoitos ou croutons.

Nutrição (por 100 gramas): 104 calorias 10 g de gordura 9 g de carboidratos 1 g de proteína 644 mg de sódio

Cascas de batata grega com azeitonas e queijo feta

Tempo de preparo: 5 minutos
Tempo de cozimento: 45 minutos
Porções: 4
Nível de dificuldade: Difícil

Ingredientes:

- 2 batatas vermelhas
- 3 colheres de sopa de azeite
- 1 colher de chá de sal kosher, dividido
- ¼ colher de chá de pimenta preta
- 2 colheres de sopa de coentro fresco
- ¼ xícara de azeitonas Kalamata, cortadas em cubos
- ¼ xícara de queijo feta esfarelado
- Salsa fresca picada, para decoração (opcional)

Rota:

Pré-aqueça o forno a 380°F. Usando um garfo, faça 2 a 3 furos nas batatas e cubra cada um com cerca de ½ colher de sopa de azeite e ½ colher de chá de sal.

Coloque as batatas na cesta da fritadeira e cozinhe por 30 minutos. Retire as batatas da fritadeira e corte-as ao meio. Usando uma colher, raspe a polpa das batatas, deixando uma camada de ½ polegada de batata dentro das cascas, e reserve.

Em uma tigela média, misture o centro das batatas escavadas com as 2 colheres de sopa restantes de azeite, ½ colher de chá de sal, pimenta-do-reino e coentro. Misture bem. Divida o recheio de batata nas cascas de batata agora vazias e espalhe uniformemente sobre elas. Decore cada batata com uma colher de azeitonas e queijo feta.

Retorne as cascas de batata recheadas ao forno e leve ao forno por 15 minutos. Se desejar, sirva com mais coentro ou salsa picada e um fio de azeite.

Nutrição (por 100 gramas): 270 calorias 13 g de gordura 34 g de carboidratos 5 g de proteína 672 mg de sódio

Focaccia Pita Alcachofra e Azeitonas

Tempo de preparo: 5 minutos

Tempo de cozimento: 10 minutos

Porções: 4

Nível de dificuldade: Fácil

Ingredientes:

- 2 focaccias de trigo integral
- 2 colheres de sopa de azeite, dividido
- 2 dentes de alho picados
- ¼ colher de chá de sal
- ½ xícara de corações de alcachofra em lata, fatiados
- ¼ xícara de azeitonas Kalamata
- ¼ xícara de parmesão ralado
- ¼ xícara de queijo feta esfarelado
- Salsa fresca picada, para decoração (opcional)

Rota:

Pré-aqueça o forno a 380°F. Pincele cada pão pita com 1 colher de sopa de azeite e polvilhe com alho picado e sal.

Divida os corações de alcachofra, as azeitonas e o queijo igualmente entre as duas focaccias e leve ao forno ventilado por 10 minutos. Antes de servir, retire as pitas e corte-as em 4 partes. Se necessário, polvilhe salsa por cima.

Nutrição (por 100 gramas): 243 calorias 15 g de gordura 10 g de carboidratos 7 g de proteína 644 mg de sódio

bolinhos de caranguejo pequenos

Tempo de preparo: 10 minutos
Tempo de cozimento: 10 minutos
Porções: 6
Nível de dificuldade: Médio

Ingredientes:

- 8 onças de carne de caranguejo
- 2 colheres de sopa de pimenta vermelha em cubos
- 1 chalota, partes brancas e verdes, cortada em cubos
- 1 dente de alho picado
- 1 colher de sopa de alcaparras picadas
- 1 colher de sopa de iogurte grego desnatado
- 1 ovo batido
- ¼ xícara de pão ralado de trigo integral
- ¼ colher de chá de sal
- 1 colher de sopa de azeite
- 1 limão cortado em rodelas

Rota:

Pré-aqueça o forno a 360°F. Em uma tigela média, misture o caranguejo, o pimentão, a cebolinha, o alho e as alcaparras até incorporar. Adicione o iogurte e o ovo. Mexa até incorporar. Adicione a farinha de rosca e o sal.

Divida a mistura em 6 partes iguais e divida as almôndegas. Coloque os bolinhos de caranguejo no cesto da fritadeira em uma única camada, individualmente. Pincele a superfície de cada almôndega com um pouco de azeite. Cozinhe por 10 minutos.

Retire os bolinhos de caranguejo da fritadeira e sirva com rodelas de limão ao lado.

Nutrição (por 100 gramas): 87 calorias 4 g de gordura 6 g de carboidratos 9 g de proteína 574 mg de sódio

Rolinho feta de abobrinha

Tempo de preparo: 10 minutos

Tempo de cozimento: 10 minutos

Porções: 6

Nível de dificuldade: Médio

Ingredientes:

- ½ xícara de queijo feta
- 1 dente de alho picado
- 2 colheres de sopa de manjericão fresco picado
- 1 colher de sopa de alcaparras picadas
- 1/8 colher de chá de sal
- 1/8 colher de chá de pimenta vermelha em flocos
- 1 colher de sopa de suco de limão
- 2 abobrinhas médias
- 12 palitos

Rota:

Pré-aqueça o forno a 360°F. (Se estiver usando um acessório para grelhar, certifique-se de que ele esteja dentro da fritadeira ao pré-aquecer.) Em uma tigela pequena, misture o queijo feta, o alho, o manjericão, as alcaparras, o sal, a pimenta em flocos e o suco de limão.

Corte a abobrinha longitudinalmente em tiras de 1/8 de polegada. (Cada abobrinha deve consistir em cerca de 6 tiras.) Espalhe 1 colher de sopa de recheio de queijo em cada fatia de abobrinha, enrole e prenda no meio com um palito.

Coloque os rolinhos de abobrinha na cesta da fritadeira em uma única camada, um de cada vez. Asse no forno ou grelha por 10 minutos. Antes de servir, retire os rolinhos de abobrinha do forno e retire com cuidado os palitos.

Nutrição (por 100 gramas): 46 calorias 3 g de gordura 6 g de carboidratos 3 g de proteína 710 mg de sódio

Robalo no seu bolso

Tempo de preparo: 10 minutos

Tempo de cozimento: 25 minutos

Porções: 4

Nível de dificuldade: Médio

Ingredientes:

- 4 filés de robalo
- 4 dentes de alho fatiados
- 1 talo de aipo fatiado
- 1 abobrinha fatiada
- 1 c. tomate cereja cortado ao meio
- 1 chalota fatiada
- 1 colher de chá. orégano seco
- Pimenta salgada

Rota:

Misture o alho, o aipo, a abobrinha, o tomate, a cebolinha e o orégano em uma tigela. Adicione sal e pimenta a gosto. Pegue 4 pedaços de papel manteiga e coloque-os sobre a superfície de trabalho. Despeje a mistura de vegetais no centro de cada assadeira.

Coloque um filé de peixe por cima e embrulhe bem o papel para parecer um bolso. Coloque o peixe embrulhado em uma assadeira e leve ao forno pré-aquecido a 350 F/176 C por 15 minutos. O peixe é servido quente e fresco.

Nutrição (por 100 gramas): 149 calorias 2,8 g de gordura 5,2 g de carboidratos 25,2 g de proteína 696 mg de sódio

Massa cremosa com salmão defumado

Tempo de preparo: 5 minutos

Tempo de cozimento: 35 minutos

Porções: 4

Nível de dificuldade: Médio

Ingredientes:

- 2 colheres de sopa. azeite
- 2 dentes de alho picados
- 1 chalota finamente picada
- 4 onças. ou 113 g de salmão picado, defumado
- 1 c. ervilhas verdes
- 1 c. creme
- Pimenta salgada
- 1 pitada de flocos de pimenta
- 8 onças. ou 230g de penne
- 6 c. cachoeira

Rota:

Coloque a panela em fogo médio-alto e acrescente o azeite. Adicione o alho e a cebolinha. Cozinhe por 5 minutos ou até ficar macio. Adicione as ervilhas, o sal, a pimenta e a pimenta vermelha em flocos. Cozinhe por 10 minutos

Adicione o salmão e cozinhe por mais 5-7 minutos. Adicione o creme de leite, reduza o fogo e cozinhe por mais 5 minutos.

Enquanto isso, coloque uma panela com água e sal a gosto em fogo alto. Quando ferver, adicione o penne e cozinhe por 8 a 10 minutos ou até ficar macio. Escorra o macarrão e adicione ao molho de salmão. e para servir.

Nutrição (por 100 gramas): 393 calorias 20,8 g de gordura 38 g de carboidratos 3 g de proteína 836 mg de sódio

Frango Grego de Panela Lenta

Tempo de preparo: 20 minutos

Tempo de cozimento: 3 horas

Porções: 4

Nível de dificuldade: Médio

Ingredientes:

- 1 colher de sopa de azeite extra virgem
- 2 quilos de peito de frango desossado
- ½ colher de chá de sal kosher
- ¼ colher de chá de pimenta preta
- 1 lata (12 onças) de pimentão vermelho assado
- 1 xícara de azeitonas Kalamata
- 1 cebola roxa média picada finamente
- 3 colheres de sopa de vinagre de vinho tinto
- 1 colher de sopa de alho picado
- 1 colher de chá de mel
- 1 colher de chá de orégano seco
- 1 colher de chá de tomilho seco
- ½ xícara de queijo feta (opcional, para servir)
- Ervas frescas picadas: qualquer mistura de manjericão, salsa ou tomilho (opcional, para servir)

Rota:

Cubra a panela elétrica com spray de cozinha antiaderente ou azeite. Aqueça o azeite em uma panela grande. Tempere os dois lados do peito de frango. Quando o óleo estiver quente, acrescente os peitos de frango e frite dos dois lados (cerca de 3 minutos).

Depois de cozido, transfira para a panela elétrica. Adicione o pimentão vermelho, as azeitonas e a cebola roxa aos peitos de frango. Tente colocar os legumes ao redor do frango e não diretamente por cima.

Em uma tigela pequena, misture o vinagre, o alho, o mel, o orégano e o tomilho. Depois de tudo pronto, despeje sobre o frango. Cozinhe o frango em fogo baixo por 3 horas ou até que o centro não fique mais rosado. Sirva com queijo feta esfarelado e ervas frescas.

Nutrição (por 100 gramas): 399 calorias 17 g de gordura 12 g de carboidratos 50 g de proteína 793 mg de sódio

Espetos de frango

Tempo de preparo: 10 minutos

Tempo de cozimento: 4 horas

Porções: 4

Nível de dificuldade: Médio

Ingredientes:

- 2 libras. peito de frango desossado ou nuggets de frango
- Suco de um limão
- 3 dentes de alho
- 2 colheres de chá de vinagre de vinho tinto
- 2-3 colheres de sopa de azeite
- ½ xícara de iogurte grego
- 2 colheres de chá de orégano seco
- 2-4 colheres de chá de tempero grego
- ½ cebola roxa pequena, picada finamente
- 2 colheres de sopa de endro
- Molho Tzatziki Grego
- 1 xícara de iogurte grego natural
- 1 colher de sopa de endro
- 1 pepino inglês pequeno, picado
- Uma pitada de sal e pimenta
- 1 colher de chá de cebola em pó
- <u>Para as especiarias:</u>

- Tomate
- Pepino picado
- Cebola roxa picada
- queijo feta em cubos
- Pão pita esfarelado

Rota:

Corte o peito de frango em cubos e coloque na panela elétrica. Adicione o suco de limão, o alho, o vinagre, o azeite, o iogurte grego, o orégano, o tempero grego, a cebola roxa e o endro na panela elétrica e misture bem.

Cozinhe em fogo baixo por 5-6 horas ou em fogo alto por 2-3 horas. Enquanto isso, adicione todos os ingredientes ao molho tzatziki e misture. Quando estiver bem misturado, leve à geladeira até que o frango esteja pronto.

Quando o frango estiver pronto, sirva com pão pita e uma ou todas as coberturas listadas acima.

Nutrição (por 100 gramas): 317 calorias 7,4 g de gordura 36,1 g de carboidratos 28,6 g de proteína 476 mg de sódio

Cassoulet de frango em panela lenta

Tempo de preparo: 10 minutos

Tempo de cozimento: 20 minutos

Porções: 16

Nível de dificuldade: Médio

Ingredientes:

- 1 xícara de feijão-marinho seco, embebido
- 8 coxas de frango desossadas e sem pele
- 1 linguiça polonesa cozida e picada (opcional)
- 1¼ xícara de suco de tomate
- 1 (28 onças) pode cortar tomates ao meio
- 1 colher de sopa de molho inglês
- 1 colher de chá de grânulos de carne instantânea ou canja de galinha
- ½ colher de chá de manjericão seco
- ½ colher de chá de orégano seco
- ½ colher de chá de páprica
- ½ xícara de aipo picado
- ½ xícara de cenoura picada
- ½ xícara de cebola picada

Rota:

Cubra a panela elétrica com azeite ou spray de cozinha antiaderente. Em uma tigela, misture o suco de tomate, o tomate, o molho inglês, o caldo de carne, o manjericão, o orégano e a páprica. Certifique-se de que os ingredientes estejam bem misturados.

Coloque o frango e a linguiça na panela e cubra com a mistura de suco de tomate. Adicione o aipo, a cenoura e a cebola. Cozinhe em fogo baixo por 10 a 12 horas.

Nutrição (por 100 gramas): 244 calorias 7g de gordura 25g de carboidratos 21g

Frango provençal cozido lentamente

Tempo de preparo: 5 minutos

Tempo de cozimento: 8 horas

Porções: 4

Nível de dificuldade: Fácil

Ingredientes:

- 4 (6 onças) metades de peito de frango sem pele e com osso.
- 2 colheres de chá de manjericão seco
- 1 colher de chá de tomilho seco
- 1/8 colher de chá de sal
- 1/8 colher de chá de pimenta preta moída na hora
- 1 pimentão amarelo picado
- 1 pimentão vermelho picado
- 1 lata (15,5 onças) de feijão canelini
- 1 lata (14,5 onças) de tomates pequenos com manjericão, alho e orégano, escorrido

Rota:

Pincele a panela elétrica com azeite antiaderente. Coloque todos os ingredientes na panela elétrica e misture. Cozinhe em fogo baixo por 8 horas.

Nutrição (por 100 gramas): 304 calorias 4,5 g de gordura 27,3 g de carboidratos 39,4 g de proteína 639 mg de sódio

Peru assado grego

Tempo de preparo: 20 minutos

Tempo de cozimento: 7:30 da manhã

Porções: 8

Nível de dificuldade: Médio

Ingredientes:

- 1 (4 lb.) peito de peru desossado, aparado
- ½ xícara de caldo de galinha, dividido
- 2 colheres de sopa de suco de limão fresco
- 2 xícaras de cebola picada
- ½ xícara de azeitonas Kalamata sem caroço
- ½ xícara de tomate seco em óleo, cortado em fatias finas
- 1 colher de chá de tempero grego
- ½ colher de chá de sal
- ¼ colher de chá de pimenta preta moída na hora
- 3 colheres de sopa de farinha de trigo (ou trigo integral)

Rota:

Cubra a panela elétrica com spray de cozinha antiaderente ou azeite. Adicione o peru, ¼ xícara de caldo de galinha, suco de limão, cebola, azeitonas, tomate seco, tempero grego, sal e pimenta na panela elétrica.

Cozinhe em fogo baixo por 7 horas. Peneire a farinha no ¼ xícara restante de caldo de galinha e misture delicadamente na panela elétrica. Cozinhe por mais 30 minutos.

Nutrição (por 100 gramas): 341 calorias 19 g de gordura 12 g de carboidratos 36,4 g de proteína 639 mg de sódio

Cuscuz de frango com alho

Tempo de preparo: 25 minutos

Tempo de cozimento: 7 horas

Porções: 4

Nível de dificuldade: Médio

Ingredientes:

- 1 frango inteiro, cortado em pedaços
- 1 colher de sopa de azeite extra virgem
- 6 dentes de alho cortados ao meio
- 1 copo de vinho branco seco
- 1 xícara de cuscuz
- ½ colher de chá de sal
- ½ colher de chá de pimenta
- 1 cebola roxa média, cortada em fatias finas
- 2 colheres de chá de tomilho seco
- 1/3 xícara de farinha de trigo integral

Rota:

Aqueça o azeite numa frigideira grossa. Quando a panela estiver quente, adicione o frango para dourar. Certifique-se de que os pedaços de frango não se toquem. Asse com a pele voltada para baixo por cerca de 3 minutos ou até dourar.

Cubra a panela elétrica com spray de cozinha antiaderente ou azeite. Coloque a cebola, o alho e o tomilho na panela elétrica e polvilhe com sal e pimenta. Jogue o frango por cima das cebolas.

Em uma tigela separada, misture a farinha com o vinho até que não haja grumos e despeje sobre o frango. Cozinhe por 7 horas ou até ficar macio. Você pode cozinhar por até 3 horas em alta temperatura. Sirva o frango por cima do cuscuz cozido e regue com o molho.

Nutrição (por 100 gramas): 440 calorias 17,5 g de gordura 14 g de carboidratos 35,8 g de proteína 674 mg de sódio

Karahi de frango

Tempo de preparo: 5 minutos
Tempo de cozimento: 5 horas
Porções: 4
Nível de dificuldade: Fácil

Ingredientes:

- 2 libras. peito ou coxa de frango
- ¼ xícara de azeite
- 1 lata pequena de pasta de tomate
- 1 colher de sopa de manteiga
- 1 cebola grande cortada em cubos
- ½ xícara de iogurte grego natural
- ½ xícara de água
- 2 colheres de sopa de pasta de gengibre e alho
- 3 colheres de sopa de folhas de feno-grego
- 1 colher de chá de coentro moído
- 1 tomate médio
- 1 colher de chá de pimenta vermelha
- 2 pimentões verdes
- 1 colher de chá de açafrão
- 1 colher de sopa de garam masala
- 1 colher de chá de cominho em pó
- 1 colher de chá de sal marinho
- ¼ colher de chá de noz-moscada

Rota:

Cubra a panela elétrica com spray de cozinha antiaderente.

Misture bem todos os temperos em uma tigela pequena. Coloque o frango na panela elétrica e, em seguida, adicione o restante dos ingredientes, incluindo a mistura de temperos. Mexa até que tudo esteja bem misturado com os temperos.

Cozinhe em fogo baixo por 4-5 horas. Sirva com pão naan ou italiano.

Nutrição (por 100 gramas): 345 calorias 9,9 g de gordura 10 g de carboidratos 53,7 g de proteína 715 mg de sódio

Cacciatora de Frango com Cevada

Tempo de preparo: 20 minutos
Tempo de cozimento: 4 horas
Porções: 6
Nível de dificuldade: Fácil

Ingredientes:

- 2 quilos de coxas de frango com pele
- 1 colher de sopa de azeite
- 1 xícara de cogumelos, esquartejados
- 3 cenouras picadas finamente
- 1 pote de azeitonas Kalamata
- 2 latas (14 onças) de tomate em cubos
- 1 lata pequena de pasta de tomate
- 1 copo de vinho tinto
- 5 dentes de alho
- 1 xícara de cevada

Rota:

Aqueça o azeite em uma panela grande. Quando o óleo estiver quente, acrescente o frango, com a pele voltada para baixo, e frite. Certifique-se de que os pedaços de frango não se toquem.

Assim que o frango estiver dourado, coloque-o na panela elétrica com todos os ingredientes, exceto o orzo. Cozinhe o frango em fogo baixo por 2 horas, depois acrescente o orzo e cozinhe por mais 2 horas. Sirva com pão francês crocante.

Nutrição (por 100 gramas): 424 calorias 16 g de gordura 10 g de carboidratos 11 g de proteína 845 mg de sódio

Daube provençal cozido lentamente

Tempo de preparo: 15 minutos
Tempo de cozimento: 8 horas
Porções: 8
Nível de dificuldade: Médio

Ingredientes:

- 1 colher de sopa de azeite
- 10 dentes de alho picados
- 2 libras. carne assada desossada
- 1½ colher de chá de sal, dividido
- ½ colher de chá de pimenta preta moída na hora
- 1 copo de vinho tinto seco
- 2 xícaras de cenouras picadas
- 1 ½ xícara de cebola picada
- ½ xícara de caldo de carne
- 1 (14 onças) de tomate em cubos
- 1 colher de sopa de purê de tomate
- 1 colher de chá de alecrim fresco picado
- 1 colher de chá de tomilho fresco picado
- ½ colher de chá de casca de laranja ralada
- ½ colher de chá de canela em pó
- ¼ colher de chá de cravo moído
- 1 folha de louro

Rota:

Aqueça uma panela e adicione azeite. Adicione o alho picado e a cebola e cozinhe até a cebola amolecer e o alho começar a dourar.

Adicione a carne aos cubos, tempere com sal e pimenta e frite até dourar a carne. Transfira a carne para a panela elétrica. Mexa o caldo de carne na panela e deixe cozinhar por cerca de 3 minutos para deglaçar a panela, depois despeje na panela elétrica sobre a carne.

Adicione o restante dos ingredientes à panela elétrica e misture bem. Coloque a panela lenta em fogo baixo e cozinhe por 8 horas, ou coloque em fogo alto e cozinhe por 4 horas. Sirva com macarrão com ovo, arroz ou pão italiano crocante.

Nutrição (por 100 gramas): 547 calorias 30,5 g de gordura 22 g de carboidratos 45,2 g de proteína 809 mg de sódio

Osso Bucco

Tempo de preparo: 30 minutos
Tempo de cozimento: 8 horas
Porções: 3
Nível de dificuldade: Médio

Ingredientes:

- 4 pernil de boi ou pernil de vitela
- 1 colher de chá de sal marinho
- ½ colher de chá de pimenta preta moída
- 3 colheres de sopa de farinha de trigo integral
- 1-2 colheres de sopa de azeite
- 2 cebolas médias cortadas em cubos
- 2 cenouras médias cortadas em cubos
- 2 talos de aipo cortados em cubos
- 4 dentes de alho picados
- 1 (14 onças) de tomate em cubos
- 2 colheres de chá de folhas secas de tomilho
- ½ xícara de caldo de carne ou legumes

Rota:

Tempere os dois lados das juntas e passe na farinha para revestir. Aqueça uma frigideira grande em fogo alto. Adicione o azeite. Quando o óleo estiver quente, acrescente os nós dos dedos e frite-os uniformemente dos dois lados. Quando dourar, transfira para a panela elétrica.

Despeje o caldo na panela e ferva por 3-5 minutos, mexendo para que a panela fique vermelha. Transfira o restante dos ingredientes para a panela elétrica e acrescente o caldo na panela.

Coloque a panela lenta em fogo baixo e cozinhe por 8 horas. Osso Bucco é servido com quinoa, arroz integral ou até arroz de couve-flor.

Nutrição (por 100 gramas): 589 calorias 21,3 g de gordura 15 g de carboidratos 74,7 g de proteína 893 mg de sódio

Bourguignon de carne cozida lentamente

Tempo de preparo: 5 minutos
Tempo de cozimento: 8 horas
Porções: 8
Nível de dificuldade: Difícil

Ingredientes:

- 1 colher de sopa de azeite extra virgem
- 6 onças de bacon picado grosseiramente
- 3 libras de peito de boi, sem gordura, cortado em cubos de 5 cm
- 1 cenoura grande, fatiada
- 1 cebola branca grande, cortada em cubos
- 6 dentes de alho picados e divididos
- ½ colher de chá de sal grosso
- ½ colher de chá de pimenta moída na hora
- 2 colheres de sopa de farinha de trigo integral
- 12 cebolas pequenas
- 3 taças de vinho tinto (Merlot, Pinot Noir ou Chianti)
- 2 xícaras de caldo de carne
- 2 colheres de sopa de pasta de tomate
- 1 cubo de caldo de carne, esmagado
- 1 colher de chá de tomilho fresco picado
- 2 colheres de sopa de salsa fresca
- 2 folhas de louro

- 2 colheres de sopa de manteiga ou 1 colher de sopa de azeite
- 1 quilo de cogumelos pequenos frescos, brancos ou marrons, esquartejados

Rota:

Aqueça uma frigideira em fogo médio-alto e acrescente o azeite. Quando o óleo estiver quente, frite o bacon até ficar crocante e depois coloque na panela elétrica. Adicione a gordura do bacon à frigideira.

Seque a carne e frite na mesma frigideira com a gordura do bacon até que todos os lados estejam dourados por igual. Transfira para a panela elétrica.

Misture a cebola e a cenoura na panela elétrica e tempere com sal e pimenta. Misture os ingredientes e certifique-se de que tudo esteja temperado.

Misture o vinho tinto na panela e ferva por 4-5 minutos para dourar a panela, depois acrescente a farinha e mexa até ficar homogêneo. Cozinhe até o líquido reduzir e engrossar um pouco.

Assim que o líquido engrossar, despeje na panela elétrica e mexa para cobrir tudo com a mistura de vinho. Adicione o purê de tomate, o cubo de sopa, o tomilho, a salsa, os 4 dentes de alho e o louro. Coloque a panela elétrica em fogo alto e cozinhe por 6 horas, ou coloque em fogo baixo e cozinhe por 8 horas.

Amoleça a manteiga ou aqueça o azeite numa frigideira em fogo médio. Quando o óleo estiver quente, adicione os 2 dentes de alho restantes e cozinhe por cerca de 1 minuto antes de adicionar os cogumelos. Cozinhe os cogumelos até ficarem macios, depois coloque-os na panela elétrica e mexa.

Sirva com purê de batata, arroz ou macarrão.

Nutrição (por 100 gramas): 672 calorias 32 g de gordura 15 g de carboidratos 56 g de proteína 693 mg de sódio

Carne balsâmica

Tempo de preparo: 5 minutos
Tempo de cozimento: 8 horas
Porções: 10
Nível de dificuldade: Médio

Ingredientes:

- 2 libras. carne assada desossada
- 1 colher de sopa de azeite
- Fricção
- 1 colher de chá de alho em pó
- ½ colher de chá de cebola em pó
- 1 colher de chá de sal marinho
- ½ colher de chá de pimenta preta moída na hora
- Molho
- ½ xícara de vinagre balsâmico
- 2 colheres de sopa de mel
- 1 colher de sopa de mostarda com mel
- 1 xicara de caldo de carne
- 1 colher de sopa de tapioca, farinha integral ou amido de milho (para engrossar o molho após o cozimento, se necessário)

Rota:

Adicione todos os ingredientes para a mistura.

Em uma tigela separada, misture o vinagre balsâmico, o mel, a mostarda com mel e o caldo de carne. Pincele o assado com azeite e depois esfregue com a mistura de especiarias. Coloque o assado na panela elétrica e regue com o molho. Coloque a panela lenta em fogo baixo e cozinhe por 8 horas.

Se quiser engrossar o molho depois que o assado estiver cozido, transfira-o da panela elétrica para uma tigela. Em seguida, despeje o líquido em uma panela e leve para ferver no fogão. Misture a farinha até ficar homogêneo e cozinhe até o molho engrossar.

Nutrição (por 100 gramas): 306 calorias 19 g de gordura 13 g de carboidratos 25 g de proteína 823 mg de sódio

Vitela assada

Tempo de preparo: 20 minutos
Tempo de cozimento: 5 horas
Porções: 8
Nível de dificuldade: Médio

Ingredientes:

- 2 colheres de sopa de azeite
- Pimenta salgada
- 3 libras de vitela assada desossada, amarrada
- 4 cenouras médias, descascadas
- 2 pastinacas, descascadas e cortadas ao meio
- 2 couves-rábano brancas, descascadas e cortadas em quartos
- 10 dentes de alho descascados
- 2 raminhos de tomilho fresco
- 1 laranja descascada e ralada
- 1 xícara de caldo de frango ou vitela

Rota:

Aqueça uma frigideira grande em fogo médio-alto. Regue a vitela assada com azeite e tempere com sal e pimenta. Quando a frigideira estiver quente, adicione a vitela assada e sele por todos os lados. Demora cerca de 3 minutos de cada lado, mas esse processo retém os sucos e deixa a carne suculenta.

Quando estiver cozido, coloque na panela elétrica. Adicione as cenouras, as pastinacas, os nabos e o alho à frigideira. Mexa e cozinhe por cerca de 5 minutos, mas não exatamente, apenas para dourar a vitela e dar cor.

Transfira os legumes para a panela elétrica e arrume-os em volta da carne. Tempere com tomilho assado e casca de laranja. Corte a laranja ao meio e pressione o suco sobre a polpa. Adicione o caldo de galinha e cozinhe o assado em fogo baixo por 5 horas.

Nutrição (por 100 gramas): 426 calorias 12,8 g de gordura 10 g de carboidratos 48,8 g de proteína 822 mg de sódio

Arroz mediterrâneo e salsicha

Tempo de preparo: 15 minutos
Tempo de cozimento: 8 horas
Porções: 6
Nível de dificuldade: Médio

Ingredientes:

- 1½ quilo de linguiça italiana esfarelada
- 1 cebola média picada finamente
- 2 colheres de sopa de molho de bife
- 2 xícaras de arroz de grão longo, cru
- 1 (14 onças) de tomate picado com suco
- ½ xícara de água
- 1 pimentão verde médio, picado

Rota:

Pulverize sua panela elétrica com azeite ou spray de cozinha antiaderente. Adicione a linguiça, a cebola e o molho de bife à panela elétrica. Em baixa por 8 a 10 horas.

Após 8 horas, acrescente o arroz, o tomate, a água e o pimentão verde. Homogeneizar. Cozinhe por mais 20-25 minutos.

Nutrição (por 100 gramas): 650 calorias 36 g de gordura 11 g de carboidratos 22 g de proteína 633 mg de sódio

Almôndegas espanholas

Tempo de preparo: 20 minutos
Tempo de cozimento: 5 horas
Porções: 6
Nível de dificuldade: Difícil

Ingredientes:

- 1 quilo de peru moído
- 1 libra de carne de porco moída
- 2 ovos
- 1 (20 onças) de tomate em cubos
- ¾ xícara de cebola doce, picada e dividida
- ¼ xícara mais 1 colher de sopa de pão ralado
- 3 colheres de sopa de salsa fresca picada
- 1½ colher de chá de cominho
- 1½ colher de chá de páprica (doce ou picante)

Rota:

Pulverize a panela elétrica com azeite.

Numa tigela, misture a carne picada, os ovos, cerca de metade da cebola, o pão ralado e os temperos.

Lave as mãos e misture até que tudo esteja bem misturado. No entanto, não misture demais, pois isso deixará as almôndegas duras. Formamos almôndegas. O tamanho que você fizer determinará obviamente quantas almôndegas você conseguirá no total.

Aqueça 2 colheres de sopa de azeite em uma panela em fogo médio. Depois de ferver, acrescente as almôndegas e doure-as por todos os lados. Certifique-se de que as bolas não se toquem para que dourem por igual. Quando estiver pronto, transfira-os para a panela elétrica.

Adicione o restante das cebolas e dos tomates à panela e cozinhe por alguns minutos, depois raspe os pedaços marrons das almôndegas para dar sabor. Transfira os tomates para as almôndegas na panela elétrica e cozinhe em fogo baixo por 5 horas.

Nutrição (por 100 gramas): 372 calorias 21,7 g de gordura 15 g de carboidratos 28,6 proteínas 772 mg de sódio

Bife de couve-flor com frutas cítricas e molho de azeitonas

Tempo de preparo: 15 minutos
Tempo de cozimento: 30 minutos
Porções: 4
Nível de dificuldade: Médio

Ingredientes:

- 1 ou 2 cabeças grandes de couve-flor
- 1/3 xícara de azeite extra virgem
- ¼ colher de chá de sal kosher
- 1/8 colher de chá de pimenta preta moída
- Suco de 1 laranja
- Casca de 1 laranja
- ¼ xícara de azeitonas pretas, sem caroço e picadas
- 1 colher de sopa de Dijon ou mostarda granulada
- 1 colher de sopa de vinagre de vinho tinto
- ½ colher de chá de coentro moído

Rota:

Pré-aqueça o forno a 400°F. Coloque papel manteiga ou papel alumínio na assadeira. Corte o caule da couve-flor para que fique na vertical. Corte verticalmente em quatro folhas grossas. Coloque a couve-flor na assadeira preparada. Tempere com azeite, sal e pimenta preta. Cozinhe por cerca de 30 minutos.

Em uma tigela média, misture o suco de laranja, as raspas de laranja, as azeitonas, a mostarda, o vinagre e o coentro; misture bem. Sirva com o molho.

Nutrição (por 100 gramas): 265 calorias 21 g de gordura 4 g de carboidratos 5 g de proteína 693 mg de sódio

Macarrão com pistache e pesto de hortelã

Tempo de preparo: 10 minutos

Tempo de cozimento: 10 minutos

Porções: 4

Nível de dificuldade: Médio

Ingredientes:

- 8 onças de macarrão de trigo integral
- 1 xícara de hortelã fresca
- ½ xícara de manjericão fresco
- 1/3 xícara de pistache sem sal com casca
- 1 dente de alho descascado
- ½ colher de chá de sal kosher
- Suco de ½ limão
- 1/3 xícara de azeite extra virgem

Rota:

Cozinhe o macarrão conforme instruções da embalagem. Escorra, cobrindo com meia xícara de água do macarrão e reserve. Em um processador de alimentos, adicione a hortelã, o manjericão, o pistache, o alho, o sal e o suco de limão. Processe até que os pistaches estejam grosseiramente moídos. Adicione o azeite em um fluxo lento e uniforme e trabalhe até misturar bem.

Em uma tigela grande, misture o macarrão com o pesto de pistache. Se quiser uma consistência mais fina e de pires, adicione um pouco de água do macarrão e misture bem.

Nutrição (por 100 gramas): 420 calorias 3 g de gordura 2 g de carboidratos 11 g de proteína 593 mg de sódio

Molho de tomate cereja com macarrão cabelo de anjo explodido

Tempo de preparo: 10 minutos
Tempo de cozimento: 20 minutos
Porções: 4
Nível de dificuldade: Médio

Ingredientes:

- 8 onças de macarrão de cabelo de anjo
- 2 colheres de sopa de azeite extra virgem
- 3 dentes de alho picados
- 3 litros de tomate cereja
- ½ colher de chá de sal kosher
- ¼ colher de chá de pimenta vermelha em flocos
- ¾ xícara de manjericão fresco picado
- 1 colher de sopa de vinagre balsâmico branco (opcional)
- ¼ xícara de parmesão ralado (opcional)

Rota:

Cozinhe o macarrão conforme instruções da embalagem. Escorra e reserve.

Aqueça o azeite em uma frigideira grande ou frigideira em fogo médio-alto. Junte o alho e refogue por 30 segundos. Junte os tomates, o sal e a pimenta vermelha em flocos e cozinhe, mexendo de vez em quando, até os tomates partirem, cerca de 15 minutos.

Retire do fogo e junte o macarrão e o manjericão. Misture bem. (Para tomates fora de temporada, adicione vinagre se necessário e misture bem.) Sirva.

Nutrição (por 100 gramas): 305 calorias 8 g de gordura 3 g de carboidratos 11 g de proteína 559 mg de sódio

Tofu frito com tomate seco e alcachofra

Tempo de preparo: 30 minutos

Tempo de cozimento: 30 minutos

Porções: 4

Nível de dificuldade: Médio

Ingredientes:

- 1 pacote (16 onças) de tofu extra firme, cortado em cubos de 1 polegada
- 2 colheres de sopa de azeite de oliva extra virgem, dividido
- 2 colheres de sopa de suco de limão, dividido
- 1 colher de sopa de molho de soja com baixo teor de sódio
- 1 cebola cortada em cubos
- ½ colher de chá de sal kosher
- 2 dentes de alho picados
- 1 lata (14 onças) de corações de alcachofra, escorridos
- 8 tomates secos
- ¼ colher de chá de pimenta preta moída na hora
- 1 colher de sopa de vinagre de vinho branco
- Raspas de 1 limão
- ¼ xícara de salsa fresca picada

Rota:

Pré-aqueça o forno a 400°F. Coloque papel alumínio ou papel manteiga na assadeira. Em uma tigela, misture o tofu, 1 colher de sopa de azeite, 1 colher de sopa de suco de limão e o molho de soja. Reserve e deixe marinar por 15-30 minutos. Coloque o tofu em uma única camada na assadeira preparada e leve ao forno por 20 minutos, virando uma vez, até dourar.

Cozinhe a 1 colher de sopa de azeite restante em uma frigideira grande ou refogue em fogo médio. Adicione cebola e sal; cozinhe até ficar translúcido, 5-6 minutos. Junte o alho e refogue por 30 segundos. Em seguida, adicione os corações de alcachofra, os tomates secos e a pimenta preta e frite por 5 minutos. Adicione o vinagre de vinho branco e a 1 colher de sopa de suco de limão restante, escorra a panela e raspe os pedacinhos marrons. Retire a panela do fogo e acrescente as raspas de limão e a salsa. Misture cuidadosamente o tofu frito.

Nutrição (por 100 gramas): 230 calorias 14 g de gordura 5 g de carboidratos 14 g de proteína 593 mg de sódio

Tempeh mediterrâneo assado com tomate e alho

Tempo de preparação: 25 minutos, mais 4 horas de marinada
Tempo de cozimento: 35 minutos
Porções: 4
Nível de dificuldade: Difícil

Ingredientes:

- <u>Para Tempeh</u>
- 12 onças de tempeh
- ¼ copo de vinho branco
- 2 colheres de sopa de azeite extra virgem
- 2 colheres de sopa de suco de limão
- Raspas de 1 limão
- ¼ colher de chá de sal kosher
- ¼ colher de chá de pimenta preta moída na hora
- <u>Para o molho de tomate e alho</u>
- 1 colher de sopa de azeite extra virgem
- 1 cebola cortada em cubos
- 3 dentes de alho picados
- 1 (14,5 onças) de tomate esmagado sem sal
- 1 fatia de carne de tomate em cubos
- 1 folha de louro seca
- 1 colher de chá de vinagre de vinho branco

- 1 colher de chá de suco de limão
- 1 colher de chá de orégano seco
- 1 colher de chá de tomilho seco
- ¾ colher de chá de sal kosher
- ¼ xícara de manjericão cortado em tiras

Rota:

Para fazer tempeh

Coloque o tempeh em uma frigideira média. Adicione água suficiente para cobrir 1-2 polegadas. Deixe ferver em fogo médio-alto, tampe e reduza para ferver. Cozinhe por 10-15 minutos. Remova o tempeh, seque, deixe esfriar e corte em cubos de 2,5 cm.

Junte o vinho branco, o azeite, o sumo de limão, as raspas de limão, o sal e a pimenta preta. Adicione o tempeh, tampe a tigela e leve à geladeira por 4 horas ou durante a noite. Pré-aqueça o forno a 375°F. Coloque o tempeh marinado e a marinada em uma assadeira e cozinhe por 15 minutos.

Para preparar molho de tomate e alho

Aqueça o azeite em uma panela grande em fogo médio. Adicione a cebola e refogue até ficar translúcida em 3-5 minutos. Junte o alho e refogue por 30 segundos. Adicione o tomate esmagado, as rodelas de carne, o louro, o vinagre, o suco de limão, o orégano, o tomilho e o sal. Misture bem. Cozinhe por 15 minutos.

Adicione o tempeh frito à mistura de tomate e misture delicadamente. Decore com manjericão.

DICA de troca: Se o tempeh estiver acabando ou apenas quiser acelerar o processo de cozimento, você pode substituir o tempeh por uma porção de 14,5 onças de feijão branco. Lave o feijão e junte ao molho com a pasta de tomate. Ainda é um ótimo aperitivo vegano na metade do tempo!

Nutrição (por 100 gramas): 330 calorias 20 g de gordura 4 g de carboidratos 18 g de proteína 693 mg de sódio

Cogumelos portobello assados com repolho e cebola roxa

Tempo de preparo: 30 minutos
Tempo de cozimento: 30 minutos
Porções: 4
Nível de dificuldade: Difícil

Ingredientes:

- ¼ xícara de vinagre de vinho branco
- 3 colheres de sopa de azeite de oliva extra virgem, dividido
- ½ colher de chá de mel
- ¾ colher de chá de sal kosher, dividido
- ¼ colher de chá de pimenta preta moída na hora
- 4 cogumelos portobello grandes, com caules removidos
- 1 cebola roxa, encolhida
- 2 dentes de alho picados
- 1 cacho de couve (8 onças), com caule e picado
- ¼ colher de chá de pimenta vermelha em flocos
- ¼ xicara de queijo parmesão ou romano ralado

Rota:

Coloque papel manteiga ou papel alumínio na assadeira. Em uma tigela média, misture o vinagre, 1½ colher de sopa de azeite, mel, ¼ colher de chá de sal e pimenta-do-reino. Coloque os cogumelos no tabuleiro e regue com a marinada. Marinar por 15-30 minutos.

Enquanto isso, pré-aqueça o forno a 400°F. Asse os cogumelos por 20 minutos, virando-os na metade do cozimento. Aqueça a 1 1/2 colher de sopa de azeite restante em uma frigideira grande ou antiaderente em fogo médio-alto. Adicione a cebola e a ½ colher de chá restante de sal e frite até dourar em 5-6 minutos. Junte o alho e refogue por 30 segundos. Junte o repolho e os flocos de pimenta vermelha e refogue até que o repolho esteja cozido, cerca de 5 minutos.

Retire os cogumelos do forno e aumente a temperatura para grelhar. Despeje cuidadosamente o líquido da assadeira na panela com a mistura de repolho; misture bem. Vire o cogumelo de modo que o caule fique voltado para cima. Coloque um pouco da mistura de repolho sobre cada cogumelo. Polvilhe 1 colher de sopa de queijo parmesão em cada um. Cozinhe até dourar.

Nutrição (por 100 gramas): 200 calorias 13g de gordura 4g de carboidratos 8g de proteína

Tofu marinado em vinagre balsâmico com manjericão e orégano

Tempo de preparo: 40 minutos

Tempo de cozimento: 30 minutos

Porções: 4

Nível de dificuldade: Médio

Ingredientes:

- ¼ xícara de azeite extra virgem
- ¼ xícara de vinagre balsâmico
- 2 colheres de sopa de molho de soja com baixo teor de sódio
- 3 dentes de alho ralados
- 2 colheres de chá de xarope de bordo puro
- Raspas de 1 limão
- 1 colher de chá de manjericão seco
- 1 colher de chá de orégano seco
- ½ colher de chá de tomilho seco
- ½ colher de chá de sálvia seca
- ¼ colher de chá de sal kosher
- ¼ colher de chá de pimenta preta moída na hora
- ¼ colher de chá de pimenta vermelha em flocos (opcional)
- 1 bloco (16 onças) de tofu extra firme

Rota:

Em uma tigela de galão ou saco ziplock, misture o azeite, o vinagre, o molho de soja, o alho, o xarope de bordo, as raspas de limão, o manjericão, o orégano, o tomilho, a sálvia, o sal, a pimenta-do-reino e a pimenta malagueta, se desejar. Adicione o tofu e misture delicadamente. Coloque na geladeira e deixe marinar por 30 minutos, ou até durante a noite se necessário.

Pré-aqueça o forno a 425°F. Coloque papel manteiga ou papel alumínio na assadeira. Coloque o tofu marinado em uma única camada na assadeira preparada. Asse por 20-30 minutos, virando na metade, até ficar ligeiramente crocante.

Nutrição (por 100 gramas): 225 calorias 16 g de gordura 2 g de carboidratos 13 g de proteína 493 mg de sódio

Abobrinha recheada com ricota, manjericão e pistache

Tempo de preparo: 15 minutos
Tempo de cozimento: 25 minutos
Porções: 4
Nível de dificuldade: Médio

Ingredientes:

- 2 abobrinhas médias cortadas ao meio no sentido do comprimento
- 1 colher de sopa de azeite extra virgem
- 1 cebola cortada em cubos
- 1 colher de chá de sal kosher
- 2 dentes de alho picados
- ¾ xícara de ricota
- ¼ xícara de pistache sem sal, descascado e picado
- ¼ xícara de manjericão fresco picado
- 1 ovo grande, batido
- ¼ colher de chá de pimenta preta moída na hora

Rota:

Pré-aqueça o forno a 425°F. Coloque papel manteiga ou papel alumínio na assadeira. Retire as sementes/polpa da abobrinha, deixando ¼ polegada de polpa nas bordas. Coloque a polpa em uma tábua e corte a polpa.

Aqueça o azeite numa panela em fogo médio. Adicione a cebola, a polpa e o sal e refogue por cerca de 5 minutos. Adicione o alho e frite por 30 segundos. Junte a ricota, o pistache, o manjericão, o ovo e a pimenta-do-reino. Adicione a mistura de cebola e misture bem.

Coloque as 4 metades de abobrinha na assadeira preparada. Espalhe as metades de abobrinha com a mistura de ricota. Cozinhe até dourar.

Nutrição (por 100 gramas): 200 calorias 12 g de gordura 3 g de carboidratos 11 g de proteína 836 mg de sódio

Espelta com tomate frito e cogumelos

Tempo de preparo: 20 minutos
Tempo de cozimento: 1 hora
Porções: 4
Nível de dificuldade: Difícil

Ingredientes:

- Para os tomates
- 2 litros de tomate cereja
- 1 colher de chá de azeite extra virgem
- ¼ colher de chá de sal kosher
- Para o feitiço
- 3-4 xícaras de água
- ½ xícara de espelta
- ¼ colher de chá de sal kosher
- Para os cogumelos
- 2 colheres de sopa de azeite extra virgem
- 1 cebola encolhida
- ½ colher de chá de sal kosher
- ¼ colher de chá de pimenta preta moída na hora
- 10 onças de cogumelos sino, com caule e fatias finas
- ½ xícara de sopa de legumes sem sal
- 1 lata (15 onças) de feijão canelini com baixo teor de sódio, escorrido e enxaguado
- 1 xícara de espinafre bebê

- 2 colheres de sopa de manjericão fresco cortado em tiras
- ¼ xícara de pinhões torrados
- vinagre balsâmico envelhecido (opcional)

Rota:

Para fazer tomates

Pré-aqueça o forno a 400°F. Coloque papel manteiga ou papel alumínio na assadeira. Misture os tomates, o azeite e o sal na assadeira e leve ao forno por 30 minutos.

Fazendo soletrado

Leve a água, o farro e o sal para ferver em uma panela média ou em fogo alto. Deixe ferver e cozinhe por 30 minutos ou até o farro ficar al dente. Escorra e reserve.

Para fazer cogumelos

Aqueça o azeite em uma frigideira grande ou frigideira em fogo médio-baixo. Adicione a cebola, o sal e a pimenta preta e cozinhe por aprox. Frite por 15 minutos até começar a dourar e caramelizar. Junte os cogumelos, aumente o fogo para médio e cozinhe até o líquido evaporar e os cogumelos dourarem, cerca de 10 minutos. Junte o caldo de legumes e aqueça a panela, raspando os pedacinhos marrons e reduzindo o líquido por cerca de 5 minutos. Adicione o feijão e aqueça por cerca de 3 minutos.

Retire e adicione os espinafres, o manjericão, os pinhões, os tomates assados e a espelta. Pulverize com vinagre balsâmico, se desejar.

Nutrição (por 100 gramas): 375 calorias 15 g de gordura 10 g de carboidratos 14 g de proteína 769 mg de sódio

Cevada assada com berinjela, acelga e mussarela

Tempo de preparo: 20 minutos
Tempo de cozimento: 60 minutos
Porções: 4
Nível de dificuldade: Médio

Ingredientes:

- 2 colheres de sopa de azeite extra virgem
- 1 berinjela grande (1 libra), cortada em cubos
- 2 cenouras descascadas e cortadas em cubos pequenos
- 2 talos de aipo picados
- 1 cebola picada
- ½ colher de chá de sal kosher
- 3 dentes de alho picados
- ¼ colher de chá de pimenta preta moída na hora
- 1 xícara de cevada integral
- 1 colher de chá de pasta de tomate sem sal
- 1½ xícara de caldo de legumes sem sal
- 1 xícara de acelga, com caule e picada
- 2 colheres de sopa de orégano fresco picado
- Raspas de 1 limão
- 4 onças de mussarela ralada
- ¼ xícara de parmesão ralado
- 2 tomates cortados em fatias grossas de 1/2 polegada

Rota:

Pré-aqueça o forno a 400°F. Aqueça o azeite em uma panela grande que possa ir ao forno em fogo médio. Adicione a berinjela, a cenoura, o aipo, a cebola e o sal e cozinhe por cerca de 10 minutos. Adicione o alho e a pimenta preta e refogue por cerca de 30 segundos. Adicione a cevada e a pasta de tomate e frite por 1 minuto. Junte a sopa de legumes e abaixe o fogo da panela, raspando os pedacinhos marrons. Adicione a acelga, o orégano e as raspas de limão e mexa até a acelga murchar.

Retire e adicione a mussarela. Achate a parte superior da mistura de cevada. Polvilhe o parmesão por cima. Espalhe os tomates em uma única camada por cima do parmesão. Cozinhe por 45 minutos.

Nutrição (por 100 gramas): 470 calorias 17 g de gordura 7 g de carboidratos 18 g de proteína 769 mg de sódio

Risoto de cevada com tomate cereja

Tempo de preparo: 20 minutos

Tempo de cozimento: 45 minutos

Porções: 4

Nível de dificuldade: Médio

Ingredientes:

- 2 colheres de sopa de azeite extra virgem
- 2 talos de aipo cortados em cubos
- ½ xícara de chalotas cortadas em cubos
- 4 dentes de alho picados
- 3 xícaras de sopa de legumes sem sal
- 1 (14,5 onças) de tomate picado sem adição de sal
- 1 (14,5 onças) de tomate esmagado sem sal
- 1 xícara de cevadinha
- Raspas de 1 limão
- 1 colher de chá de sal kosher
- ½ colher de chá de páprica defumada
- ¼ colher de chá de pimenta vermelha em flocos
- ¼ colher de chá de pimenta preta moída na hora
- 4 raminhos de tomilho
- 1 folha de louro seca
- 2 xícaras de espinafre bebê
- ½ xícara de queijo feta esfarelado
- 1 colher de sopa de orégano fresco picado

- 1 colher de sopa de sementes de erva-doce torradas (opcional)

Rota:

Aqueça o azeite em uma panela grande em fogo médio. Adicione o aipo e a cebolinha e refogue por cerca de 4-5 minutos. Adicione o alho e frite por 30 segundos. Adicione o caldo de legumes, o tomate picado, a pasta de tomate, a cevada, as raspas de limão, o sal, a páprica, a pimenta em flocos, a pimenta preta, o tomilho e o louro e misture bem. Deixe ferver, depois abaixe para temperatura baixa e cozinhe. Cozinhe por 40 minutos, mexendo ocasionalmente.

Retire as folhas de louro e os raminhos de tomilho. Junte o espinafre. Em uma tigela pequena, misture as sementes de queijo feta, orégano e erva-doce. Sirva o risoto de cevada em tigelas polvilhadas com a mistura de queijo feta.

Nutrição (por 100 gramas): 375 calorias 12 g de gordura 13 g de carboidratos 11 g de proteína 799 mg de sódio

Grão de bico e repolho com molho de tomate picante

Tempo de preparo: 10 minutos
Tempo de cozimento: 35 minutos
Porções: 4
Nível de dificuldade: Fácil

Ingredientes:

- 2 colheres de sopa de azeite extra virgem
- 4 dentes de alho fatiados
- 1 colher de chá de pimenta vermelha em flocos
- 1 lata (28 onças) de tomate esmagado sem sal
- 1 colher de chá de sal kosher
- ½ colher de chá de mel
- 1 maço de couve descascada e picada
- 2 latas (15 onças) de grão de bico com baixo teor de sódio, escorrido e enxaguado
- ¼ xícara de manjericão fresco picado
- ¼ xícara de pecorino romano ralado

Rota:

Aqueça o azeite numa panela em fogo médio. Junte o alho e os flocos de pimenta vermelha e refogue até que o alho fique dourado claro, cerca de 2 minutos. Adicione os tomates, o sal e o mel e misture bem. Reduza o fogo e cozinhe por 20 minutos.

Adicione o repolho e misture bem. Cozinhe por cerca de 5 minutos. Adicione o grão de bico e cozinhe por cerca de 5 minutos. Retire do fogo e junte o manjericão. Espalhe o pecorino e sirva.

Nutrição (por 100 gramas): 420 calorias 13 g de gordura 12 g de carboidratos 20 g de proteína 882 mg de sódio

Queijo feta assado com couve e iogurte de limão

Tempo de preparo: 15 minutos
Tempo de cozimento: 20 minutos
Porções: 4
Nível de dificuldade: Médio

Ingredientes:

- 1 colher de sopa de azeite extra virgem
- 1 cebola encolhida
- ¼ colher de chá de sal kosher
- 1 colher de chá de açafrão moído
- ½ colher de chá de cominho em pó
- ½ colher de chá de coentro moído
- ¼ colher de chá de pimenta preta moída na hora
- 1 maço de couve descascada e picada
- 7 onças de queijo feta, cortado em fatias grossas de ¼ de polegada
- ½ xícara de iogurte grego natural
- 1 colher de sopa de suco de limão

Rota:

Pré-aqueça o forno a 400°F. Aqueça o azeite em uma frigideira grande ou antiaderente em fogo médio. Adicione cebola e sal; refogue até dourar levemente, cerca de 5 minutos. Adicione açafrão, cominho, coentro e pimenta preta; Asse por 30 segundos. Adicione o repolho e frite por cerca de 2 minutos. Adicione ½ xícara de água e continue cozinhando o repolho por cerca de 3 minutos.

Retire do fogo e coloque as fatias de queijo feta por cima da mistura de couve. Leve ao forno e leve ao forno até o queijo feta ficar macio, 10-12 minutos. Misture o iogurte e o suco de limão em uma tigela pequena. Sirva a pasta de couve e queijo feta com iogurte de limão.

Nutrição (por 100 gramas): 210 calorias 14 g de gordura 2 g de carboidratos 11 g de proteína 836 mg de sódio

Berinjela frita e grão de bico com molho de tomate

Tempo de preparo: 15 minutos
Tempo de cozimento: 60 minutos
Porções: 4
Nível de dificuldade: Difícil

Ingredientes:

- Spray de cozinha com azeite
- 1 berinjela grande (cerca de 1 quilo), cortada em rodelas de ¼ de polegada de espessura
- 1 colher de chá de sal kosher, dividido
- 1 colher de sopa de azeite extra virgem
- 3 dentes de alho picados
- 1 lata (28 onças) de tomate esmagado sem sal
- ½ colher de chá de mel
- ¼ colher de chá de pimenta preta moída na hora
- 2 colheres de sopa de manjericão fresco picado
- 1 (15 onças) de grão de bico sem sal ou com baixo teor de sódio, escorrido e enxaguado
- ¾ xícara de queijo feta esfarelado
- 1 colher de sopa de orégano fresco picado

Rota:

Pré-aqueça o forno a 425°F. Unte e forre duas assadeiras com papel alumínio e borrife levemente com azeite. Espalhe a berinjela em uma única camada e polvilhe com ½ colher de chá de sal. Asse por 20 minutos, virando uma vez na metade, até dourar.

Enquanto isso, aqueça o azeite em uma panela grande em fogo médio. Junte o alho e refogue por 30 segundos. Adicione o tomate esmagado, o mel, a ½ colher de chá restante de sal e pimenta-do-reino. Cozinhe por cerca de 20 minutos, até o molho desmoronar e engrossar um pouco. Junte o manjericão.

Após retirar a berinjela do forno, reduza a temperatura do forno para 170°C. Despeje o grão de bico e 1 xícara de molho em uma assadeira grande retangular ou oval. Coloque as rodelas de berinjela por cima, sobrepondo conforme necessário para cobrir o grão de bico. Coloque o molho restante sobre a berinjela. Polvilhe com queijo feta e orégano.

Embrulhe a bandeja com papel alumínio e leve ao forno por 15 minutos. Retire o papel alumínio e leve ao forno por mais 15 minutos.

Nutrição (por 100 gramas): 320 calorias 11 g de gordura 12 g de carboidratos 14 g de proteína 773 mg de sódio

Sliders de falafel frito

Tempo de preparo: 10 minutos

Tempo de cozimento: 30 minutos

Porções: 6

Nível de dificuldade: Médio

Ingredientes:

- Spray de cozinha com azeite
- 1 (15 onças) de grão de bico com baixo teor de sódio, escorrido e enxaguado
- 1 cebola picada grosseiramente
- 2 dentes de alho descascados
- 2 colheres de sopa de salsa fresca picada
- 2 colheres de sopa de farinha de trigo integral
- ½ colher de chá de coentro moído
- ½ colher de chá de cominho em pó
- ½ colher de chá de fermento em pó
- ½ colher de chá de sal kosher
- ¼ colher de chá de pimenta preta moída na hora

Rota:

Pré-aqueça o forno a 350°F. Coloque papel manteiga ou papel alumínio e borrife levemente a assadeira com azeite.

Misture o grão de bico, a cebola, o alho, a salsa, a farinha, os coentros, os cominhos, o fermento, o sal e a pimenta preta num processador de alimentos. Misture até ficar homogêneo.

Faça 6 hambúrgueres, cada um com ¼ xícara generosa da mistura, e coloque na assadeira preparada. Cozinhe por 30 minutos. Serve.

Nutrição (por 100 gramas): 90 calorias 1 g de gordura 3 g de carboidratos 4 g de proteína 803 mg de sódio

Portobello Caprese

Tempo de preparo: 15 minutos

Tempo de cozimento: 30 minutos

Porções: 2

Nível de dificuldade: Difícil

Ingredientes:

- 1 colher de sopa de azeite
- 1 xícara de tomate cereja
- Sal e pimenta preta a gosto
- 4 folhas grandes de manjericão fresco, cortadas em fatias finas e divididas
- 3 dentes de alho médio picados
- 2 cogumelos portobello grandes, com caules removidos
- 4 mini bolinhas de mussarela
- 1 colher de sopa de parmesão ralado

Rota:

Prepare o forno a 180°C. Unte uma assadeira com azeite. Despeje 1 colher de sopa de azeite em uma frigideira antiaderente e aqueça em fogo médio-alto. Adicione os tomates à frigideira e tempere com sal e pimenta-do-reino. Enquanto cozinha, faça furos nos tomates para extrair o suco. Cubra e cozinhe os tomates por 10 minutos ou até ficarem macios.

Reserve 2 colheres de chá de manjericão e coloque o manjericão e o alho restantes na panela. Amasse os tomates com uma espátula e cozinhe por meio minuto. Mexa constantemente enquanto cozinha. Você deixa isso de lado, você ignora. Coloque os cogumelos na panela, com a tampa voltada para baixo, e polvilhe com sal e pimenta-do-reino a gosto.

Despeje a mistura de tomate e as bolinhas de mussarela sobre as guelras dos cogumelos e polvilhe com parmesão para cobrir bem. Cozinhe até que os cogumelos estejam macios e os queijos dourados. Retire os cogumelos recheados do forno e sirva com manjericão por cima.

Nutrição (por 100 gramas): 285 calorias 21,8 g de gordura 2,1 g de carboidratos 14,3 g de proteína 823 mg de sódio

Tomate recheado com cogumelos e queijo

Tempo de preparo: 15 minutos

Tempo de cozimento: 20 minutos

Porções: 4

Nível de dificuldade: Médio

Ingredientes:

- 4 tomates maduros grandes
- 1 colher de sopa de azeite
- ½ libra (454 g) de cogumelos brancos ou cremini, fatiados
- 1 colher de sopa de manjericão fresco picado
- ½ xícara de cebola amarela cortada em cubos
- 1 colher de sopa de orégano fresco picado
- 2 dentes de alho picados
- ½ colher de chá de sal
- ¼ colher de chá de pimenta preta moída na hora
- 1 xícara de mussarela semidesnatada ralada
- 1 colher de sopa de parmesão ralado

Rota:

Pré-aqueça o forno a 190°C (375°F). Corte uma fatia de ½ polegada do topo de cada tomate. Coloque a polpa em uma tigela, deixando ½ polegada de casca de tomate dentro. Coloque os tomates em uma assadeira forrada com papel alumínio. Aqueça o azeite numa frigideira antiaderente em fogo médio.

Adicione os cogumelos, o manjericão, a cebola, o orégano, o alho, o sal e a pimenta-do-reino e refogue por 5 minutos.

Despeje a mistura na tigela de tomate, adicione a mussarela e misture bem. Despeje a mistura em cada casca de tomate e cubra com uma camada de parmesão. Asse em forno pré-aquecido por 15 minutos ou até o queijo ficar macio e os tomates macios. Retire os tomates recheados do forno e sirva quente.

Nutrição (por 100 gramas): 254 calorias 14,7 g de gordura 5,2 g de carboidratos 17,5 g de proteína 783 mg de sódio

Tabule

Tempo de preparo: 15 minutos
Tempo de cozimento: 5 minutos
Porções: 6
Nível de dificuldade: Médio

Ingredientes:

- 4 colheres de sopa de azeite, dividido
- 4 xícaras de couve-flor picada
- 3 dentes de alho picados finamente
- Sal e pimenta preta a gosto
- ½ pepino grande, descascado, sem caroço e picado
- ½ xícara de salsa italiana picada
- Suco de 1 limão
- 2 colheres de sopa de cebola roxa picada
- ½ xícara de folhas de hortelã picadas
- ½ xícara de azeitonas Kalamata sem caroço, picadas
- 1 xícara de tomate cereja, cortado em quartos
- 2 xícaras de folhas de rúcula ou espinafre
- 2 abacates médios, descascados, sem caroço e cortados em cubos

Rota:

Aqueça 2 colheres de sopa de azeite em uma frigideira antiaderente em fogo médio-alto. Adicione a couve-flor picada, o alho, o sal e a pimenta-do-reino à panela e refogue por 3 minutos ou até ficar perfumado. Transfira-os para uma tigela grande.

Adicione o pepino, a salsa, o suco de limão, a cebola roxa, a hortelã, as azeitonas e o restante do azeite na tigela. Misture bem. Coloque a tigela na geladeira por pelo menos 30 minutos.

Retire a tigela da geladeira. Coloque os tomates cereja, a rúcula e o abacate na tigela. Tempere bem e misture bem. Sirva frio.

Nutrição (por 100 gramas): 198 calorias 17,5 g de gordura 6,2 g de carboidratos 4,2 g de proteína 773 mg de sódio

Brócolis picante e corações de alcachofra

Tempo de preparo: 5 minutos

Tempo de cozimento: 15 minutos

Porções: 4

Nível de dificuldade: Médio

Ingredientes:

- 3 colheres de sopa de azeite, dividido
- 2 libras (907 g) de couve-rábano fresca
- 3 dentes de alho picados finamente
- 1 colher de chá de pimenta vermelha em flocos
- 1 colher de chá de sal e mais a gosto
- 13,5 onças (383 g) de corações de alcachofra.
- 1 colher de sopa de água
- 2 colheres de sopa de vinagre de vinho tinto
- Pimenta preta moída na hora, a gosto

Rota:

Aqueça 2 colheres de sopa de azeite em uma frigideira antiaderente em médio-alto. Adicione o brócolis, o alho, a pimenta vermelha em flocos e o sal na panela e refogue por 5 minutos ou até que o brócolis esteja macio.

Coloque os corações de alcachofra na assadeira e leve ao forno por mais 2 minutos ou até ficarem macios. Adicione água à panela e reduza o fogo. Tampe e cozinhe no vapor por 5 minutos. Enquanto isso, misture o vinagre e 1 colher de sopa de azeite em uma tigela.

Polvilhe os brócolis e a alcachofra cozidos no vapor com vinagre untado com azeite, polvilhe com sal e pimenta-do-reino. Misture bem antes de servir.

Nutrição (por 100 gramas): 272 calorias 21,5 g de gordura 9,8 g de carboidratos 11,2 g de proteína 736 mg de sódio

Shakshuka

Tempo de preparo: 10 minutos
Tempo de cozimento: 25 minutos
Porções: 4
Nível de dificuldade: Difícil

Ingredientes:

- 5 colheres de sopa de azeite, dividido
- 1 pimentão vermelho picado
- ½ cebola amarela pequena, picada finamente
- 14 onças (397 g) de tomate esmagado, com suco
- 6 onças (170 g) de espinafre congelado, descongelado e sem excesso de líquido
- 1 colher de chá de páprica defumada
- 2 dentes de alho picados finamente
- 2 colheres de chá de pimenta vermelha em flocos
- 1 colher de sopa de alcaparras picadas grosseiramente
- 1 colher de sopa de água
- 6 ovos grandes
- ¼ colher de chá de pimenta preta moída na hora
- ¾ xícara de queijo feta ou de cabra esfarelado
- ¼ xícara de salsa fresca ou coentro picado

Rota:

Pré-aqueça o forno a 150°C (300°F). Aqueça 2 colheres de sopa de azeite em uma frigideira própria para ir ao forno em fogo médio-alto. Refogue o pimentão e a cebola na panela até que a cebola fique translúcida e o pimentão macio.

Adicione os tomates e o suco, o espinafre, o pimentão, o alho, a pimenta vermelha em flocos, as alcaparras, a água e 2 colheres de sopa de azeite. Misture bem e leve para ferver. Reduza o fogo, tampe e cozinhe por 5 minutos.

Quebre os ovos no molho, deixando um pequeno espaço entre cada ovo, deixando o ovo intacto, e polvilhe com pimenta-do-reino moída na hora. Cozinhe até que o ovo esteja bem passado.

Polvilhe o queijo com o ovo e o molho e leve ao forno pré-aquecido por 5 minutos ou até o queijo dourar. Antes de servir quente regue com a restante 1 colher de sopa de azeite e polvilhe com salsa.

Nutrição (por 100 gramas): 335 calorias 26,5 g de gordura 5 g de carboidratos 16,8 g de proteína 736 mg de sódio

spanakopita

Tempo de preparo: 15 minutos
Tempo de cozimento: 50 minutos
Porções: 6
Nível de dificuldade: Difícil

Ingredientes:

- 6 colheres de sopa de azeite, dividido
- 1 cebola amarela pequena, cortada em cubos
- 4 xícaras de espinafre picado congelado
- 4 dentes de alho picados
- ½ colher de chá de sal
- ½ colher de chá de pimenta preta moída na hora
- 4 ovos grandes, batidos
- 1 xícara de requeijão
- ¾ xícara de queijo feta esfarelado
- ¼ xícara de pinhões

Rota:

Unte a bandeja com 2 colheres de sopa de azeite. Defina o forno para 375 graus F. Aqueça 2 colheres de sopa de azeite em uma frigideira antiaderente em fogo médio-alto. Mexa a cebola na panela e refogue por 6 minutos ou até ficar translúcida e macia.

Adicione o espinafre, o alho, o sal e a pimenta-do-reino à panela e refogue por mais 5 minutos. Coloque-os em uma tigela e reserve.

Misture o ovo batido e a ricota em uma tigela separada e despeje na mistura de espinafre. Misture bem.

Despeje a mistura na panela e incline o prato para que a mistura cubra o fundo por igual. Cozinhe até começar a endurecer. Retire do forno e espalhe com o queijo feta e os pinhões, depois espalhe com as restantes 2 colheres de azeite.

Retorne a assadeira ao forno e leve ao forno por mais 15 minutos ou até que o topo esteja dourado. Retire a panela do forno. Deixe a spanakopita esfriar por alguns minutos e corte antes de servir.

Nutrição (por 100 gramas): 340 calorias 27,3 g de gordura 10,1 g de carboidratos 18,2 g de proteína 781 mg de sódio

tagine

Tempo de preparo: 20 minutos

Tempo de cozimento: 60 minutos

Porções: 6

Nível de dificuldade: Médio

Ingredientes:

- ½ xícara de azeite
- 6 talos de aipo, cortados em meias luas de ¼ de polegada
- 2 cebolas amarelas médias, fatiadas
- 1 colher de chá de cominho em pó
- ½ colher de chá de canela em pó
- 1 colher de chá de gengibre em pó
- 6 dentes de alho picados
- ½ colher de chá de páprica
- 1 colher de chá de sal
- ¼ colher de chá de pimenta preta moída na hora
- 2 xícaras de caldo de legumes com baixo teor de sódio
- 2 abobrinhas médias cortadas em semicírculos de meio centímetro de espessura
- 2 xícaras de couve-flor cortada em floretes
- 1 berinjela média, cortada em cubos de 1 polegada
- 1 xícara de azeitonas verdes, cortadas ao meio e sem caroço
- 13,5 onças (383 g) de corações de alcachofra, escorridos e cortados em quatro

- ½ xícara de folhas de coentro frescas picadas, para enfeitar
- ½ xícara de iogurte grego natural, para decoração
- ½ xícara de salsa fresca picada, para enfeitar

Rota:

Aqueça o azeite numa panela em fogo médio. Adicione o aipo e a cebola à panela e refogue por 6 minutos. Adicione o cominho, a canela, o gengibre, o alho, a páprica, o sal e a pimenta-do-reino à panela e toste por mais 2 minutos até ficar aromático.

Despeje o caldo de legumes na panela e leve para ferver. Reduza o fogo e acrescente a abobrinha, a couve-flor e a berinjela. Tampe e cozinhe por 30 minutos ou até que os legumes estejam macios. Em seguida, adicione as azeitonas e os corações de alcachofra à piscina e cozinhe por mais 15 minutos. Coloque-os em uma tigela grande ou Tagine e sirva com coentro, iogurte grego e salsa por cima.

Nutrição (por 100 gramas): 312 calorias 21,2 g de gordura 9,2 g de carboidratos 6,1 g de proteína 813 mg de sódio

Frutas cítricas, pistache e aspargos

Tempo de preparo: 10 minutos

Tempo de cozimento: 10 minutos

Porções: 4

Nível de dificuldade: Difícil

Ingredientes:

- Casca e suco de 2 clementinas ou 1 laranja
- Raspas e suco de 1 limão
- 1 colher de sopa de vinagre de vinho tinto
- 3 colheres de sopa de azeite de oliva extra virgem, dividido
- 1 colher de chá de sal, dividido
- ¼ colher de chá de pimenta preta moída na hora
- ½ xícara de pistache sem casca
- 454 g de aspargos frescos, cortados
- 1 colher de sopa de água

Rota:

Misture as raspas e o suco de clementina e limão, o vinagre, 2 colheres de sopa de azeite, ½ colher de chá de sal e pimenta-do-reino. Misture bem. Você deixa isso de lado, você ignora.

Torre os pistaches em uma frigideira antiaderente em fogo médio-alto por 2 minutos ou até dourar. Transfira os pistaches torrados para uma superfície limpa e pique-os grosseiramente. Misture pistache com mistura cítrica. Você deixa isso de lado, você ignora.

Aqueça o azeite restante em uma frigideira antiaderente em fogo médio-alto. Adicione os aspargos à frigideira e frite por 2 minutos, depois tempere com o sal restante. Adicione água à panela. Reduza o fogo e tampe. Cozinhe por 4 minutos até que os aspargos estejam macios.

Retire os aspargos da frigideira e coloque-os em um prato grande. Despeje a mistura de frutas cítricas e pistache sobre os aspargos. Cubra bem antes de servir.

Nutrição (por 100 gramas): 211 calorias 17,5 g de gordura 3,8 g de carboidratos 5,9 g de proteína 901 mg de sódio

Berinjela recheada com tomate e salsa

Tempo de preparo: 15 minutos

Tempo de cozimento: 2 horas e 10 minutos

Porções: 6

Nível de dificuldade: Médio

Ingredientes:

- ¼ xícara de azeite extra virgem
- 3 berinjelas menores, cortadas ao meio no sentido do comprimento
- 1 colher de chá de sal marinho
- ½ colher de chá de pimenta preta moída na hora
- 1 cebola amarela grande, finamente picada
- 4 dentes de alho picados
- 15 onças (425 g) de tomates em cubos com suco
- ¼ xícara de salsa fresca, picada finamente

Rota:

Forre uma panela elétrica com 2 colheres de sopa de azeite. Faça fendas no lado cortado de cada metade da berinjela, deixando um espaço de ¼ de polegada entre cada fenda. Coloque as metades da berinjela na panela elétrica, com a pele voltada para baixo. Polvilhe com sal e pimenta preta.

Aqueça o azeite restante em uma frigideira antiaderente em fogo médio-alto. Adicione a cebola e o alho à panela e refogue por 3 minutos ou até a cebola ficar translúcida.

Adicione a salsa e o tomate junto com os sucos e polvilhe com sal e pimenta-do-reino. Cozinhe por mais 5 minutos ou até ficar macio. Divida e despeje a mistura na panela sobre as metades da berinjela.

Tampe a panela elétrica e cozinhe em ALTO por 2 horas até que a berinjela esteja macia. Coloque as berinjelas em um prato e deixe esfriar alguns minutos antes de servir.

Nutrição (por 100 gramas): 455 calorias 13 g de gordura 14 g de carboidratos 14 g de proteína 719 mg de sódio

Ratatouille

Tempo de preparo: 15 minutos
Tempo de cozimento: 7 horas
Porções: 6
Nível de dificuldade: Médio

Ingredientes:

- 3 colheres de sopa de azeite extra virgem
- 1 berinjela grande, sem casca, fatiada
- 2 cebolas grandes, fatiadas
- 4 abobrinhas pequenas fatiadas
- 2 pimentões verdes
- 6 tomates grandes, cortados em fatias de meia polegada
- 2 colheres de sopa de salsa fresca, picada finamente
- 1 colher de chá de manjericão seco
- 2 dentes de alho picados
- 2 colheres de chá de sal marinho
- ¼ colher de chá de pimenta preta moída na hora

Direção:

Encha a panela elétrica com 2 colheres de sopa de azeite. Coloque as rodelas, tiras e rodelas de vegetais alternadamente no encaixe da panela elétrica. Polvilhe a salsa sobre os legumes e tempere com manjericão, alho, sal e pimenta preta. Regue com o restante azeite. Cubra e cozinhe em BAIXO por 7 horas até que os vegetais estejam macios. Coloque os legumes num prato e sirva quente.

Nutrição (por 100 gramas): 265 calorias 1,7 g de gordura 13,7 g de carboidratos 8,3 g de proteína 800 mg de sódio

Gemista

Tempo de preparo: 15 minutos
Tempo de cozimento: 4 horas
Porções: 4
Nível de dificuldade: Médio

Ingredientes:

- 2 colheres de sopa de azeite extra virgem
- 4 pimentões grandes, de qualquer cor
- ½ xícara de cuscuz cru
- 1 colher de chá de orégano
- 1 dente de alho picado
- 1 xícara de queijo feta esfarelado
- 1 lata (425 g) de feijão canelini, enxaguado e escorrido
- Sal e pimenta a gosto
- 1 fatia de limão
- 4 cebolas verdes, partes brancas e verdes separadas, cortadas em fatias finas

Direção:

Corte uma fatia de ½ polegada do caule a partir do topo da pimenta. Descarte apenas o caule e corte a parte superior fatiada abaixo do caule e reserve em uma tigela. Retire a pimenta com uma colher. Unte a panela elétrica com óleo.

Misture os restantes ingredientes, as partes verdes da cebolinha e as rodelas de limão, numa tigela e cubra com o pimentão picado. Misture bem. Despeje a mistura na pimenta escavada e coloque os pimentões recheados na panela elétrica e regue com mais azeite.

Tampe a panela elétrica e cozinhe em ALTA por 4 horas ou até que os pimentões estejam macios.

Retire os pimentões da panela elétrica e sirva em um prato. Antes de servir, polvilhe com as partes verdes da cebolinha e esprema as rodelas de limão por cima.

Nutrição (por 100 gramas): 246 calorias 9 g de gordura 6,5 g de carboidratos 11,1 g de proteína 698 mg de sódio

Rolinhos de Repolho Recheado

Tempo de preparo: 15 minutos

Tempo de cozimento: 2 horas

Porções: 4

Nível de dificuldade: Difícil

Ingredientes:

- 4 colheres de sopa de azeite, dividido
- 1 cabeça grande de repolho verde, sem sementes
- 1 cebola amarela grande, finamente picada
- 3 onças (85 g) de queijo feta, esfarelado
- ½ xícara de groselhas secas
- 3 xícaras de cevadinha cozida
- 2 colheres de sopa de salsa fresca, picada finamente
- 2 colheres de sopa de pinhões torrados
- ½ colher de chá de sal marinho
- ½ colher de chá de pimenta preta
- 15 onças (425 g) de tomate esmagado, com suco
- 1 colher de sopa de vinagre de maçã
- ½ xícara de suco de maçã

Rota:

Pincele a panela elétrica com 2 colheres de sopa de azeite. Escalde o repolho em uma panela com água por 8 minutos. Retire da água e reserve, depois separe 16 folhas do repolho. Você deixa isso de lado, você ignora.

Despeje o restante do azeite em uma frigideira antiaderente e aqueça em fogo médio. Mexa a cebola na panela e cozinhe até que a cebola e o pimentão estejam macios. Transfira a cebola para uma tigela.

Adicione o queijo feta, a groselha, o orzo, a salsa e os pinhões à tigela de cebola cozida e polvilhe com ¼ colher de chá de sal e ¼ colher de chá de pimenta preta.

Coloque as folhas de repolho sobre uma superfície limpa. Coloque 1/3 xícara da mistura no centro de cada prato, dobre a borda sobre a mistura e enrole. Coloque os rolinhos de repolho na panela elétrica, com a costura voltada para baixo.

Combine o restante dos ingredientes em uma tigela separada e despeje a mistura sobre os rolinhos de repolho. Tampe a panela elétrica e cozinhe em ALTA por 2 horas. Retire os rolinhos de repolho da panela elétrica e sirva quente.

Nutrição (por 100 gramas): 383 calorias 14,7 g de gordura 12,9 g de carboidratos 10,7 g de proteína 838 mg de sódio

Couve de Bruxelas com esmalte balsâmico

Tempo de preparo: 15 minutos
Tempo de cozimento: 2 horas
Porções: 6
Nível de dificuldade: Médio

Ingredientes:

- Esmalte balsâmico:
- 1 xícara de vinagre balsâmico
- ¼ xícara de mel
- 2 colheres de sopa de azeite extra virgem
- 2 libras (907 g) de couve de Bruxelas, aparadas e cortadas ao meio
- 2 xícaras de caldo de legumes com baixo teor de sódio
- 1 colher de chá de sal marinho
- Pimenta preta moída na hora, a gosto
- ¼ xícara de parmesão ralado
- ¼ xícara de pinhões

Rota:

Faça o vinagre balsâmico: Misture o vinagre balsâmico e o mel em uma panela. Misture bem. Levar a ferver a fogo médio alto. Reduza o fogo e cozinhe por 20 minutos ou até que a cobertura reduza pela metade e engrosse. Coloque um pouco de azeite no encaixe da panela elétrica.

Coloque as couves de Bruxelas, o caldo de legumes e ½ colher de chá de sal na panela elétrica e mexa. Tampe a panela elétrica e cozinhe em ALTO por 2 horas até que as couves de Bruxelas estejam macias.

Coloque as couves de Bruxelas num prato e polvilhe com o restante sal e pimenta-do-reino. Espalhe a cobertura balsâmica nas couves de Bruxelas e sirva com parmesão e pinhões.

Nutrição (por 100 gramas): 270 calorias 10,6 g de gordura 6,9 g de carboidratos 8,7 g de proteína 693 mg de sódio

Salada de espinafre com vinagrete cítrico

Tempo de preparo: 10 minutos

Tempo de cozimento: 0 minutos

Porções: 4

Nível de dificuldade: Fácil

Ingredientes:

- Vinagrete de frutas cítricas:
- ¼ xícara de azeite extra virgem
- 3 colheres de sopa de vinagre balsâmico
- ½ colher de chá de casca de limão fresca
- ½ colher de chá de sal
- Salada:
- 454 g de espinafre baby, lavado e sem os talos
- 1 tomate grande maduro, cortado em pedaços de ¼ de polegada
- 1 cebola roxa média, cortada em fatias finas

Rota:

Faça o vinagrete de cítricos: Misture numa tigela o azeite, o vinagre balsâmico, as raspas de limão e o sal.

Preparando a salada: Coloque o espinafre, o tomate e a cebola em uma saladeira separada. Coloque o vinagrete cítrico sobre a salada e mexa delicadamente até que os vegetais estejam completamente revestidos.

Nutrição (por 100 gramas): 173 calorias 14,2 g de gordura 4,2 g de carboidratos 4,1 g de proteína 699 mg de sódio

Salada simples de aipo e laranja

Tempo de preparo: 15 minutos
Tempo de cozimento: 0 minutos
Porções: 6
Nível de dificuldade: Fácil

Ingredientes:

- Salada:
- 3 talos de aipo, incluindo folhas, cortados diagonalmente em fatias de ½ polegada
- ½ xícara de azeitonas verdes
- ¼ xícara de cebola roxa fatiada
- 2 laranjas grandes descascadas, cortadas em cubos
- Vestir-se:
- 1 colher de sopa de azeite extra virgem
- 1 colher de sopa de suco de limão ou laranja
- 1 colher de sopa de salmoura de azeitona
- ¼ colher de chá kosher ou sal marinho
- ¼ colher de chá de pimenta preta moída na hora

Rota:

Para fazer a salada: Coloque os talos de aipo, as azeitonas verdes, a cebola e a laranja numa tigela rasa. Misture bem e reserve.

Preparação do molho: Misture bem o azeite, o sumo de limão, a salmoura, o sal e a pimenta.

Despeje o molho na saladeira e mexa levemente até que esteja completamente revestido.

Sirva frio ou à temperatura ambiente.

Nutrição (por 100 gramas): 24 calorias 1,2 g de gordura 1,2 g de carboidratos 1,1 g de proteína 813 mg de sódio

Rolo de berinjela frita

Tempo de preparo: 20 minutos
Tempo de cozimento: 10 minutos
Porções: 6
Nível de dificuldade: Médio

Ingredientes:

- 2 berinjelas grandes
- 1 colher de chá de sal
- 1 xícara de ricota ralada
- 4 onças (113 g) de queijo de cabra ralado
- ¼ xícara de manjericão fresco picado
- ½ colher de chá de pimenta preta moída na hora
- spray de azeite

Rota:

Coloque as rodelas de berinjela em uma peneira e tempere com sal. Reserve por 15-20 minutos.

Combine a ricota e o queijo de cabra, o manjericão e a pimenta-do-reino em uma tigela grande e misture bem. Você deixa isso de lado, você ignora. Seque as fatias de berinjela com papel toalha e borrife levemente com azeite.

Aqueça uma frigideira grande em fogo médio e borrife levemente com azeite. Coloque as rodelas de berinjela na panela e cozinhe por 3 minutos de cada lado até dourar.

Retire do fogo em um prato forrado com papel toalha e deixe descansar por 5 minutos. Faça os rolinhos de berinjela: Coloque as rodelas de berinjela sobre uma superfície plana e cubra cada fatia com uma colher da mistura de queijo preparada. Enrole e sirva imediatamente.

Nutrição (por 100 gramas): 254 calorias 14,9 g de gordura 7,1 g de carboidratos 15,3 g de proteína 612 mg de sódio

Legumes assados e uma tigela de arroz integral

Tempo de preparo: 15 minutos
Tempo de cozimento: 20 minutos
Porções: 4
Nível de dificuldade: Médio

Ingredientes:

- 2 xícaras de florzinhas de couve-flor
- 2 xícaras de floretes de brócolis
- 1 lata de grão de bico (15 onças/425 g).
- 1 xícara de fatias de cenoura (cerca de 1 polegada de espessura)
- 2 ou 3 colheres de sopa de azeite de oliva extra virgem, dividido
- Sal e pimenta preta a gosto
- Spray de cozinha antiaderente
- 2 xícaras de arroz integral cozido
- 3 colheres de sopa de sementes de gergelim
- <u>Vestir-se:</u>
- 3-4 colheres de sopa de tahine
- 2 colheres de sopa de mel
- no suco de 1 limão
- 1 dente de alho picado
- Sal e pimenta preta a gosto

Rota:

Prepare o forno para 205 C. Pulverize duas assadeiras com spray de cozinha antiaderente.

Disponha a couve-flor e os brócolis na primeira bandeja e as rodelas de grão de bico e cenoura na segunda.

Regue cada folha com metade do azeite e polvilhe com sal e pimenta. Misture bem.

Asse as rodelas de grão de bico e cenoura em forno pré-aquecido por 10 minutos, as cenouras até ficarem macias, mas crocantes, e a couve-flor e os brócolis até ficarem macios em 20 minutos. Mexa uma vez na metade do cozimento.

Enquanto isso, prepare o molho: misture o tahine, o mel, o suco de limão, o alho, o sal e a pimenta em uma tigela pequena.

Divida o arroz integral cozido em quatro tigelas. Espalhe cada tigela uniformemente com legumes assados e molho. Antes de servir polvilhe o topo com sementes de gergelim para decorar.

Nutrição (por 100 gramas): 453 calorias 17,8 g de gordura 11,2 g de carboidratos 12,1 g de proteína 793 mg de sódio

Hash de couve-flor com cenoura

Tempo de preparo: 10 minutos

Tempo de cozimento: 10 minutos

Porções: 4

Nível de dificuldade: Fácil

Ingredientes:

- 3 colheres de sopa de azeite extra virgem
- 1 cebola grande, finamente picada
- 1 colher de sopa de alho picado
- 2 xícaras de cenoura em cubos
- 4 xícaras de florzinhas de couve-flor
- ½ colher de chá de cominho em pó
- 1 colher de chá de sal

Rota:

Aqueça o azeite em fogo médio. Junte a cebola e o alho e frite por 1 minuto. Junte as cenouras e frite por 3 minutos. Adicione os floretes de couve-flor, o cominho e o sal e misture bem.

Cubra e leve ao forno por 3 minutos até dourar levemente. Misture bem e cozinhe descoberto por 3-4 minutos até ficar macio. Retire do fogo e sirva quente.

Nutrição (por 100 gramas): 158 calorias 10,8 g de gordura 5,1 g de carboidratos 3,1 g de proteína 813 mg de sódio

Cubos de abobrinha com alho e hortelã

Tempo de preparo: 5 minutos

Tempo de cozimento: 10 minutos

Porções: 4

Nível de dificuldade: Fácil

Ingredientes:

- 3 abobrinhas verdes grandes
- 3 colheres de sopa de azeite extra virgem
- 1 cebola grande, finamente picada
- 3 dentes de alho picados
- 1 colher de chá de sal
- 1 colher de chá de hortelã seca

Rota:

Aqueça o azeite em uma panela grande em fogo médio.

Junte a cebola e o alho e refogue por 3 minutos, mexendo sempre, ou até ficar macio.

Junte os cubos de abobrinha e o sal e cozinhe por 5 minutos ou até que a abobrinha esteja dourada e macia.

Adicione a hortelã à panela, mexa e cozinhe por mais 2 minutos. Servir quente.

Nutrição (por 100 gramas): 146 calorias 10,6 g de gordura 3 g de carboidratos 4,2 g de proteína 789 mg de sódio

Prato de abobrinha e alcachofra com faro

Tempo de preparo: 15 minutos
Tempo de cozimento: 10 minutos
Porções: 6
Nível de dificuldade: Fácil

Ingredientes:

- 1/3 xícara de azeite extra virgem
- 1/3 xícara de cebola roxa picada
- ½ xícara de pimentão vermelho picado
- 2 dentes de alho picados
- 1 xícara de abobrinha cortada em fatias de 1/2 polegada de espessura
- ½ xícara de alcachofras picadas grosseiramente
- ½ xícara de grão de bico em lata, escorrido e enxaguado
- 3 xícaras de faro cozido
- Sal e pimenta preta a gosto
- ½ xícara de queijo feta esfarelado, para servir (opcional)
- ¼ xícara de azeitonas fatiadas, para servir (opcional)
- 2 colheres de sopa de manjericão fresco, chiffonade, para servir (opcional)
- 3 colheres de sopa de vinagre balsâmico, para servir (opcional)

Rota:

Em uma frigideira grande, aqueça o azeite em fogo médio até brilhar. Junte a cebola, o pimentão e o alho e cozinhe por 5 minutos, mexendo de vez em quando, até ficar macio.

Junte as rodelas de abobrinha, as alcachofras e o grão de bico e refogue por cerca de 5 minutos, até ficarem levemente macios. Adicione o faro cozido e mexa até aquecer. Tempere com sal e pimenta.

Divida a mistura em tigelas. Espalhe uniformemente o topo de cada tigela com queijo feta, rodelas de azeitona e manjericão e, se necessário, polvilhe com vinagre balsâmico.

Nutrição (por 100 gramas): 366 calorias 19,9 g de gordura 9 g de carboidratos 9,3 g de proteína 819 mg de sódio

Panquecas de abobrinha com 5 ingredientes

Tempo de preparo: 15 minutos
Tempo de cozimento: 5 minutos
Porções: 14
Nível de dificuldade: Médio

Ingredientes:

- 4 xícaras de abobrinha ralada
- Sal a gosto
- 2 ovos grandes, levemente batidos
- 1/3 xícara de cebolinha fatiada
- 2/3 de farinha multiuso
- 1/8 colher de chá de pimenta preta
- 2 colheres de sopa de azeite

Rota:

Coloque a abobrinha ralada em uma peneira e adicione um pouco de sal. Deixe descansar por 10 minutos. Retire o máximo de líquido possível da abobrinha ralada.

Despeje a abobrinha ralada em uma tigela. Adicione o ovo batido, a cebolinha, a farinha, o sal e a pimenta e misture até que tudo esteja bem misturado.

Aqueça o azeite em uma panela grande em fogo médio.

Para cada panqueca, coloque 3 colheres de sopa da mistura de abobrinha na frigideira quente, pressione-as levemente em círculos e deixe-as separadas por 5 centímetros.

Cozinhe por 2 ou 3 minutos. Vire a mistura de abobrinha e cozinhe por mais 2 minutos ou até dourar e estar cozido.

Retire do fogo em um prato forrado com papel toalha. Repita com a mistura restante de abobrinha. Servir quente.

Nutrição (por 100 gramas): 113 calorias 6,1 g de gordura 9 g de carboidratos 4 g de proteína 793 mg de sódio

www.ingramcontent.com/pod-product-compliance
Lightning Source LLC
Chambersburg PA
CBHW071835110526
44591CB00011B/1326